SCHRÄGE
– MUSEEN –

EINE REISE ZU DEN SKURRILSTEN
SAMMLUNGEN DER WELT

Jana Duran

INHALTSVERZEICHNIS

EUROPA

 Schauen und staunen

 Nervenkitzel garantiert

 Gewöhnliches ungewöhnlich

 Mitmachen und anfassen

 Highlight

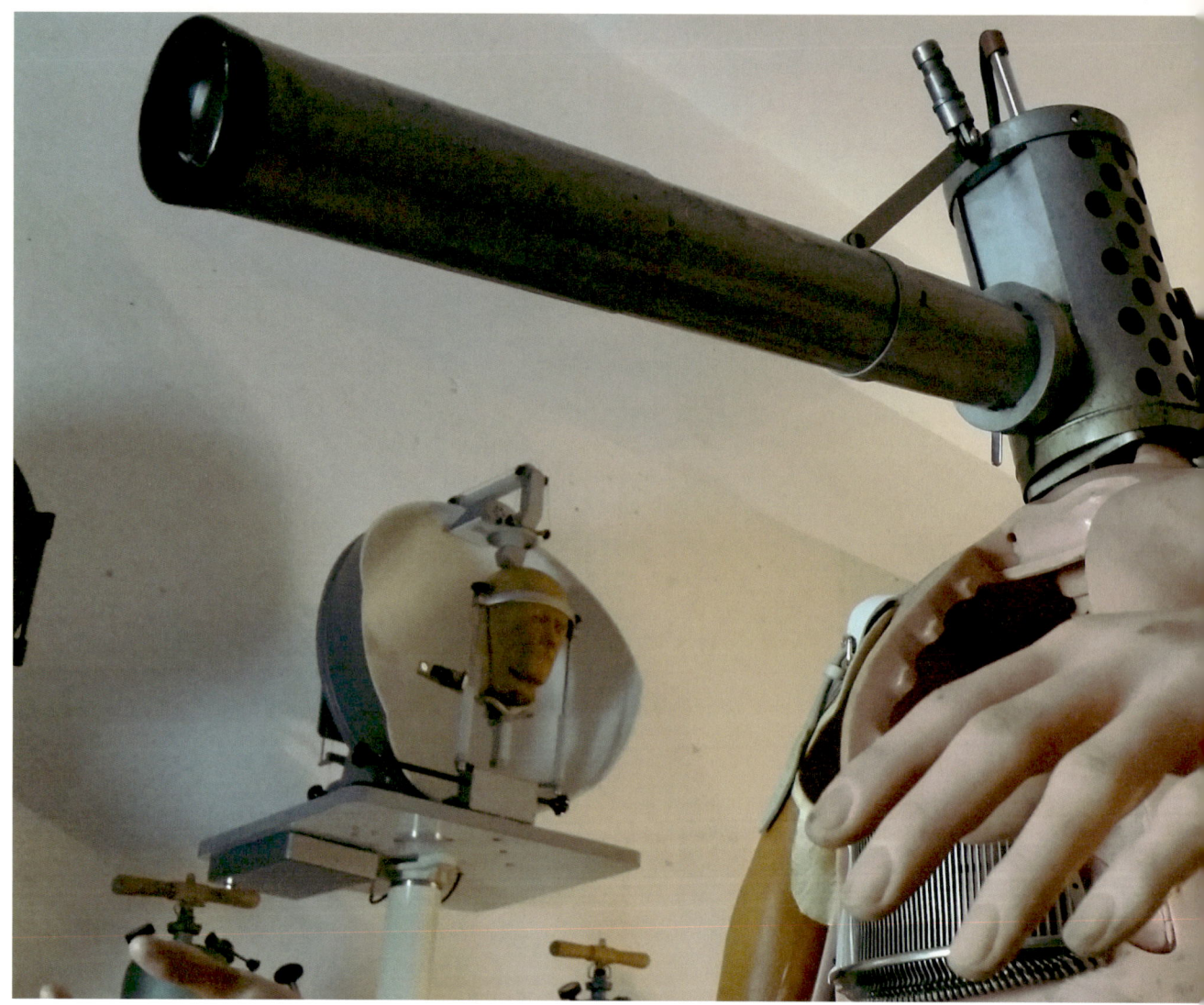

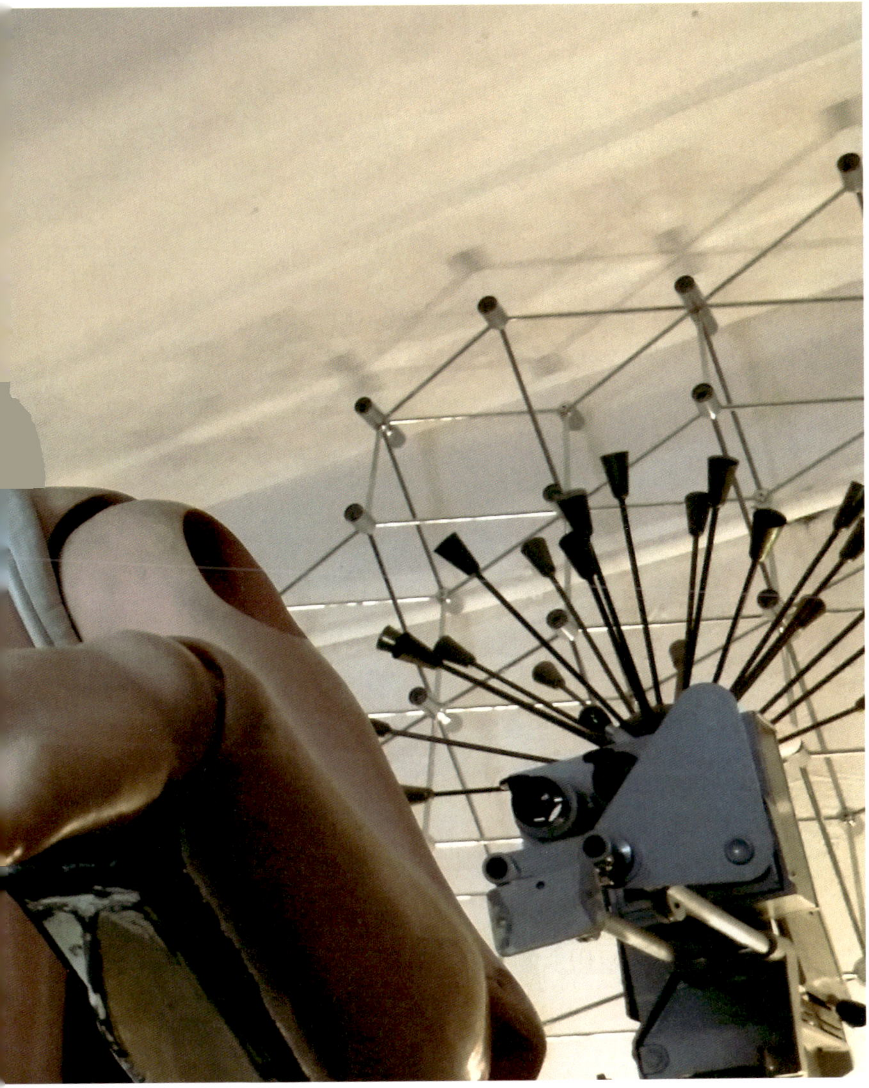

Berlin, Deutschland
www.designpanoptikum.com

DESIGNPANOPTIKUM

SURREALE WUNDERTÜTE

Mehr als 3000 Objekte, darunter Röntgenkugeln, Zahnarztstühle und Projektoren, ergeben hier ein großes, begehbares Kunstwerk. Nicht nur durch ihr Alter wirken die meisten Gegenstände heute befremdlich, auch das Arrangement der Objekte ist herrlich skurril. Besucher können Tipps abgeben, wozu die Gerätschaften einst gedient haben (die besten falschen Antworten werden auf einer Liste gesammelt) oder die Gelegenheit für einmalige Selfies nutzen.

☞ Der Kurator, der Moskauer Vlad Korneev, führt selbst mit großem Charme durch sein Reich.

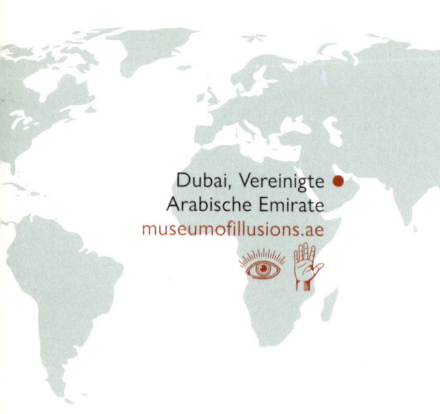

Dubai, Vereinigte
Arabische Emirate
museumofillusions.ae

MUSEUM OF ILLUSIONS

FATA MORGANA

In der Wüste Dubais kann es schon
einmal vorkommen, dass es vor den
Augen flimmert und man Dinge
sieht, die es gar nicht gibt: Riesen und
Zwerge, Leute, die kopfüber laufen …
Entweder sollte man dann schleunigst
die nächste Oase aufsuchen, oder man
befindet sich im Museum of Illusions.
In beiden Fällen kann man seinen
Augen nicht mehr trauen!

☞ Falls das Hirn noch nicht genug
raucht: Der Museumsshop bietet mehr
als 90 verschiedene Knobelspiele.

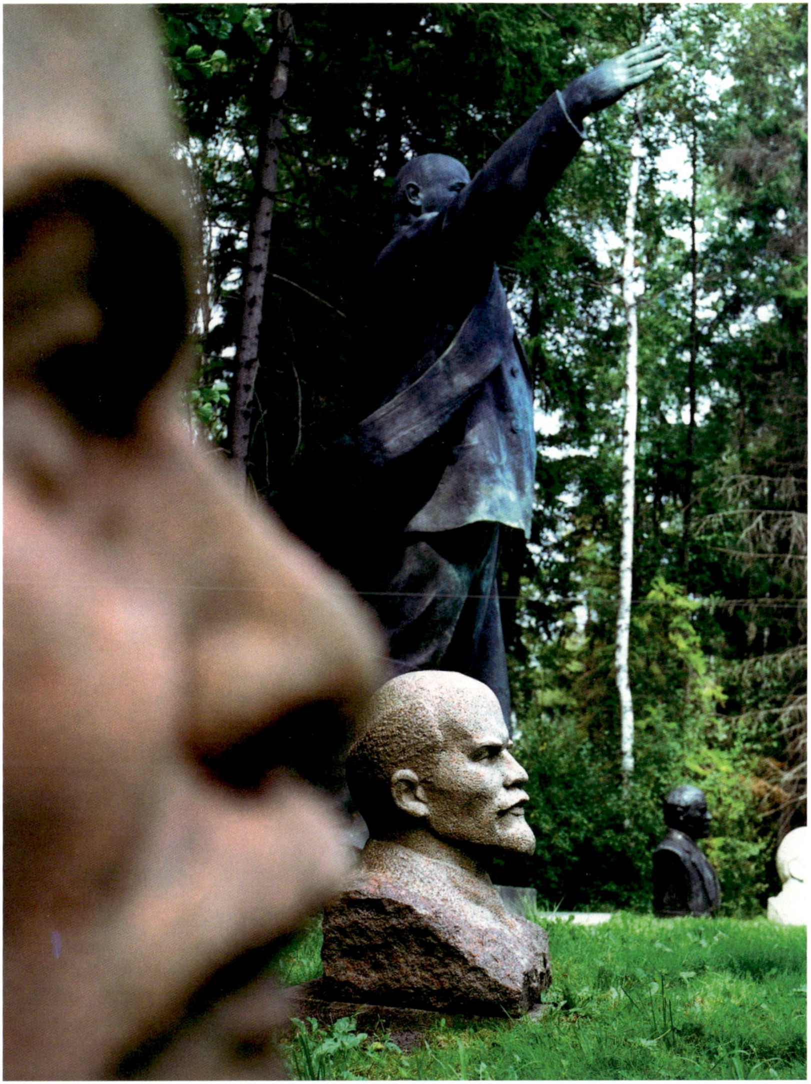

GRUTO PARKAS
GOODBYE LENIN

Was tun mit den Monumenten, wenn die Besatzer abgezogen sind? Zum Wegwerfen sind sie dann doch zu schade … Besuchen kann man die Sowjetrelikte im Kiefernwäldchen eines exzentrischen litauischen Pilzmoguls. Lenin-Büsten liegen verstreut im Gras, Geschütze stehen neben dem Kinderspielplatz und Holzhäuschen beherbergen Propagandaposter und Medaillen. In einem findet sich eine Art Sowjet-Café für den kleinen Hunger zwischendurch. Bei aller Satire: Die bewusst in idyllischer Umgebung platzierten Monumente sollen so die Sowjetideologie demaskieren.

☞ Der liebliche Gesang der Vögel vermischt sich mit der dezenten Militärmusik aus Lautsprechern.

ERAWAN MUSEUM
DER HIMMEL AUF ERDEN ...

☞ Auch die Elefantenstatue ist ein Opfer des Jo Jo-Effekts: Je nach Quelle wiegt sie 150 oder 250 Tonnen.

... liegt im Bauch eines 29 Meter hohen Elefanten. Drunter, im Sockel, finden sich Hölle und irdische Welt, ganz wie im Hindu-Universum. Die „Hölle" beherbergt asiatische Antiquitäten, und nach dem Besuch im — manche sagen — psychedelisch verzierten Obergeschoss fährt man per Aufzug im Elefantenbein in den Himmel voller Buddhastatuen auf.

Samut Prakan, Thailand ●
www.muangboranmuseum.com/en

Al-Qadsiya, Kuwait ●
www.mirrorhouseq8.com

HOUSE OF MIRRORS
SPIEGLEIN, SPIEGLEIN …

☞ Alles begann mit einem Spiegel, den die kleine Tochter versehentlich zerbrochen hatte.

… an der Wand. Und an der Decke. Auf dem Fußboden. Im Waschbecken …
Im Haus von Lidia und Khalifa Quattan ist jeder freie Zentimeter von Spiegelmosaik bedeckt. Wer einen Termin gemacht hat, wird von der Künstlerin mit Tee und Kuchen empfangen und durch ihr Gesamtkunstwerk geführt (inklusive Leucht- und Dreheffekten!).

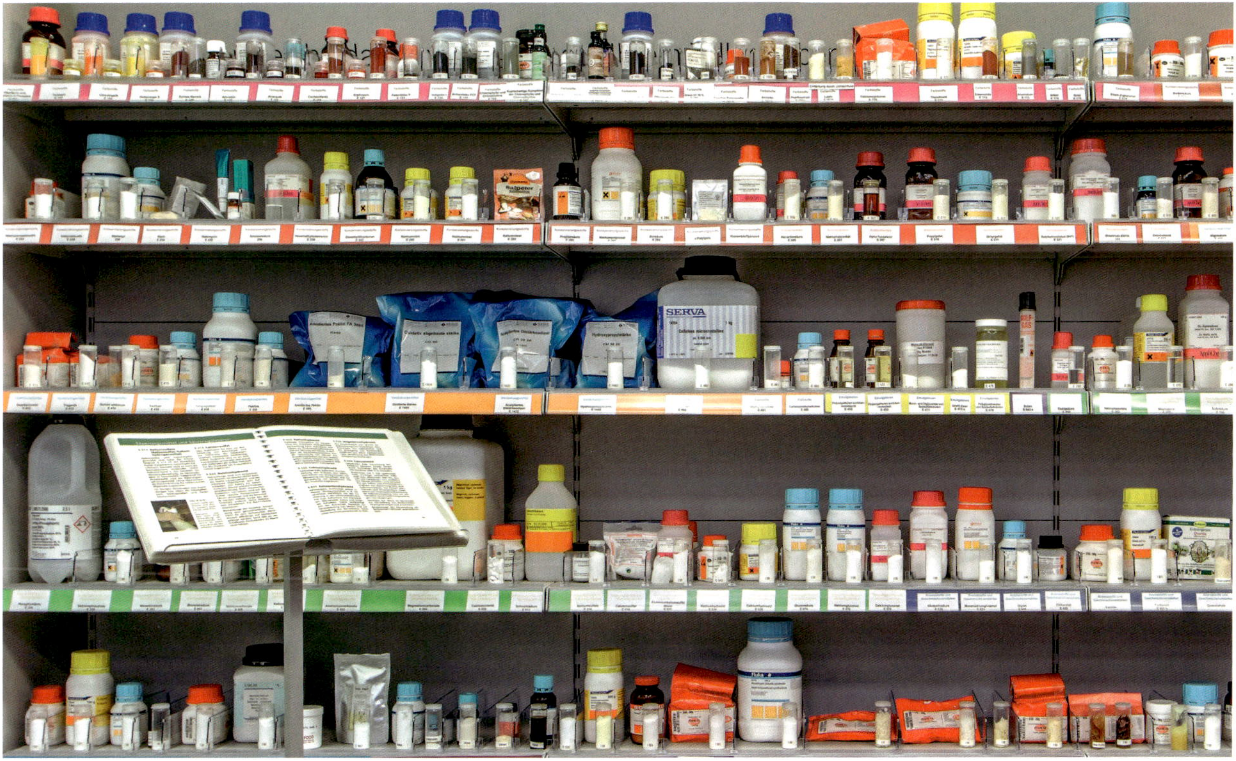

DT. ZUSATZSTOFFMUSEUM

DU BIST, WAS DU ISST

☞ Das Museum hat eine eigene Petition für transparente Zutatenlisten gestartet: Ehrlich isst besser.

Für Durchblick sorgen will dieses Museum – mit einem „Supermarkt der Zusatzstoffe". An der Zusatzstoff-Kasse kannst du deinen typischen Einkauf scannen und dir die enthaltenen Zusatzstoffe als Kassenzettel ausgeben lassen. An der Aromenbar schnuppert man Salami No. 5 oder eine leckere Waffelteignote.

● Hamburg, Deutschland
www.zusatzstoffmuseum.de

● 70 km südwestlich von Maltahöhe, Namibia
www.nwr.com.na/resorts/duwisib-castle

DUWISIB CASTLE
WOLKEN-SCHLOSS

Da steht es, mitten in der namibischen Wüste, und sieht aus, als sei es aus dem Mittelalter entführt worden. In Wahrheit ist das Castle ein Überbleibsel der deutschen Kolonialgeschichte Namibias. Baron Hansheinrich von Wolf ließ die Burg als Stützpunkt für seine Pferdezucht erbauen, bevor er in den Ersten Weltkrieg zog und nie zurückkehrte. Die originale Einrichtung (inklusive Säbel an der Wand) lässt sich bis heute besichtigen.

☞ Übernachten kann man direkt nebenan, auf der Duwisib-Gästefarm. Oder sogar im Schloss selbst.

15

St. Petersburg, Russland ●
en.shadowmuseum.ru

MUZEY TENEY

LICHT & DUNKEL

Angst vor der Dunkelheit? Spring über deinen Schatten und trau dich in dieses ungewöhnliche Museum in St. Petersburg: Hier sind nicht die Objekte selbst interessant, sondern die Schatten, die sie werfen. So findet man zum Beispiel eine Skyline aus Verpackungsmüll, und was aussieht wie Reste vom letzten Bleigießen, wirft, geschickt beleuchtet, Dalís Porträt an die Wand.

☞ Du wirst eine Lampe und die Schatten, die sie wirft, nie wieder mit denselben Augen sehen.

Perth, Australien ●
thenostalgiabox.com.au

THE NOSTALGIA BOX

JUST PRESS PLAY

Träume werden wahr für alle, die Games lieben: Mehr als 100 Videospiel-konsolen von den 1970ern bis zu den 2000ern findest du in diesem Museum. In der interaktiven Games Area lassen sich die schönsten Kindheitserinne-rungen wachrufen, mit Pong, Pac Man, Space Invaders oder Mario Bros. Bei so viel Spaß lernt man, ganz aus Ver-sehen, auch noch etwas über die Ent-wicklung der Gaming-Industrie.

☞ Perfekt, um Kindergeburtstage zu feiern. Oder auch Erwachsenen-geburtstage.

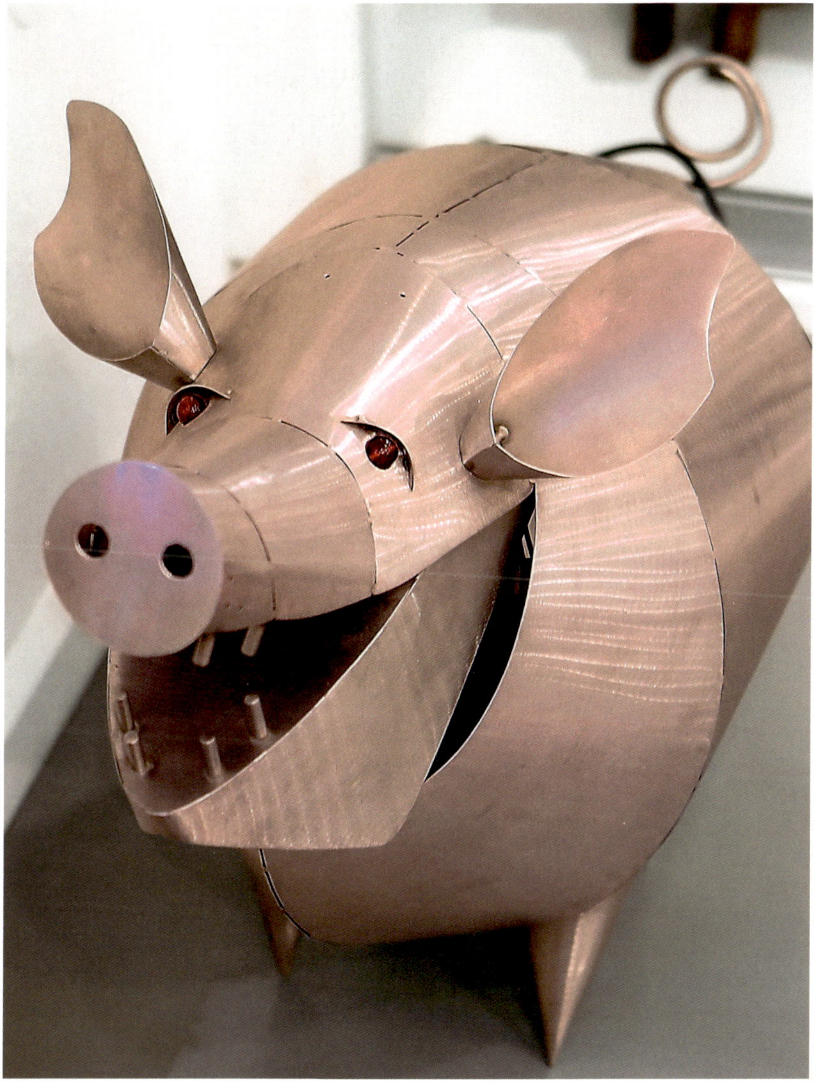

Stuttgart, Deutschland
www.schweinemuseum.de

SCHWEINEMUSEUM
WAS FÜR EIN SAUHAUFEN

Ich glaub mein Schwein pfeift – in Stuttgart versammelt sich im, nach eigenen Angaben, größten Museum seiner Art weltweit alles rund ums rosa Borstenvieh. Vom Wild- bis zum Hausschwein, als Sparschwein, ganz in Gold oder als Sexsymbol (die sprichwörtliche geile Sau). Und zum Abschluss die 2,50 Meter hohe Plüsch-Schweinepyramide: Ein saustarker Ausflug für große und kleine Schweinchen.

☞ Im angegliederten Restaurant samt Biergarten kann die Sau dann verspeist werden.

PEITSCHENMUSEUM
DER KNALLER

Fahr- und Stockpeitschen sind die Gas-
pedale der Vergangenheit – und das
beschauliche Örtchen Killer war einst
die Hochburg der Peitschenfertigung
Deutschlands. Damals stammte jede
zweite Karbatsche, Knute oder Geißel
von hier. Heute gibt es im renovierten
Bahnhofsgebäude noch eine komplette
Werkstatt zu sehen, dazu Exemplare
aus aller Welt. Peitschenkünstler
Indiana Jones wäre begeistert!

☞ Und wie nennt ein Museum
dieser Art seine Website? Ist doch
klar: Home-Peitsch!

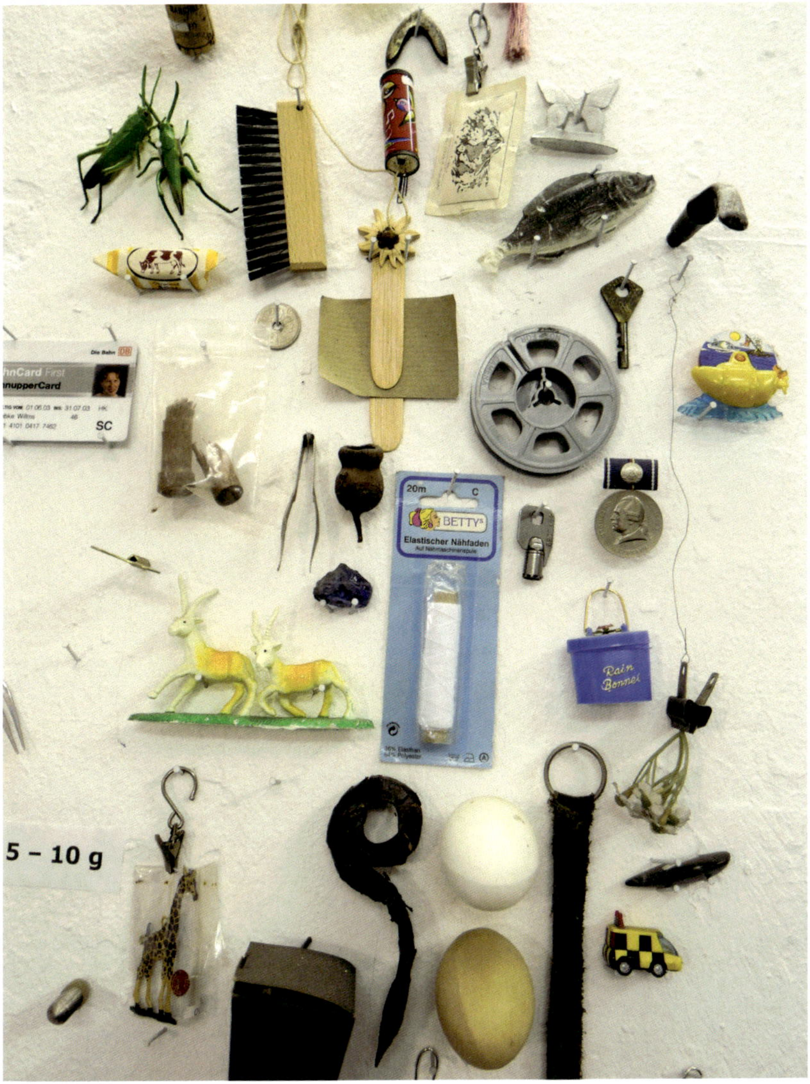

Berlin, Deutschland
www.museumder
unerhoertendinge.de

MUSEUM DER UNERHÖRTEN DINGE

FINDELKINDER

Jedes noch so unscheinbare Ding hat etwas zu erzählen – und Roland Albrecht hört zu. Ob weißer Rotwein, das Fernrohr des Kolumbus oder der Geduldsfaden, der aus mehreren Geduldden besteht: Hier kommen Geschichten und Dinge zusammen. Wahrheit und Fiktion? Die verschwimmen, denn die Fakten stimmen – nur eben anders.

☞ Das Museum selbst befindet sich an einem Nicht-Ort: zwischen den Hausnummern 5 und 6.

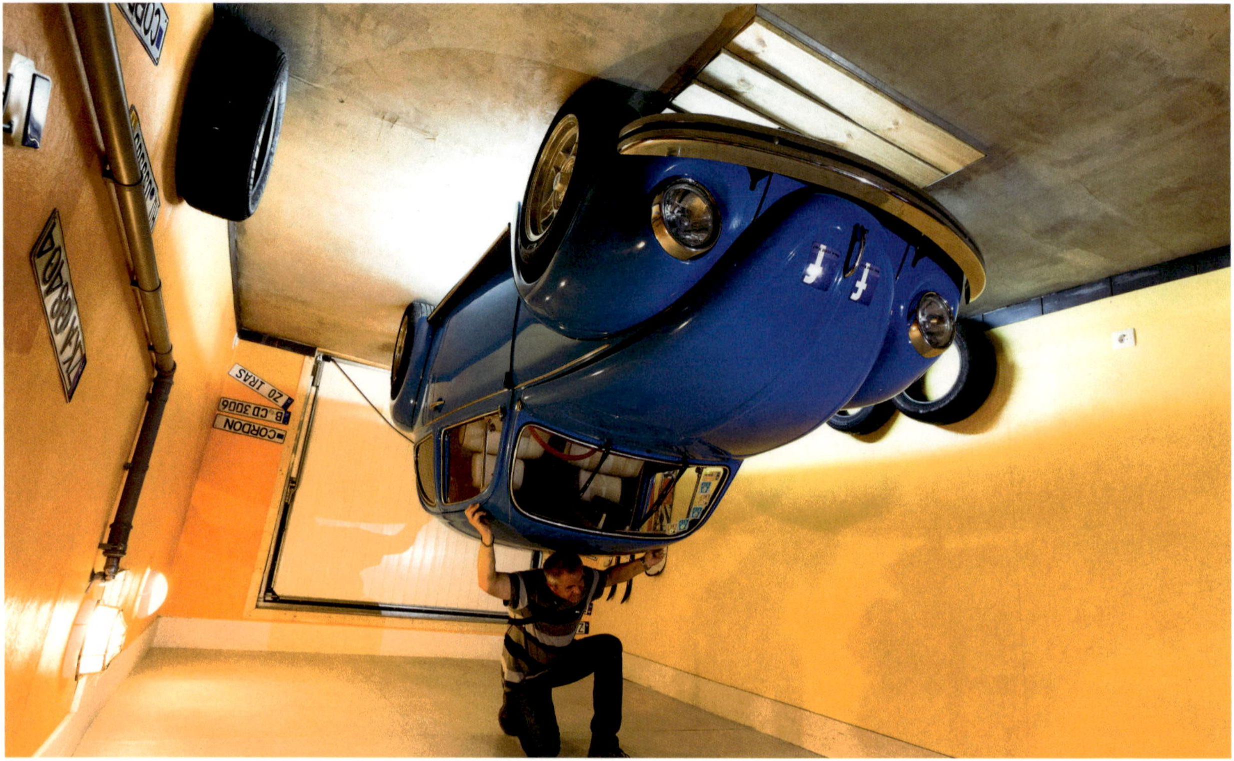

DER KÄFER AN DER DECKE

☞ Achtung: Hier kann einem beim Besuch wirklich und wahrhaftig schwindelig werden!

Nach Hause kommen, über die Deckenlampe stolpern und sich den Kopf am Sofa stoßen … Wenn selbst der Inhalt des Kühlschranks kopfüber hängt, dann stimmt etwas nicht: Dieses Haus steht Kopf, samt Küche, Toilette und Auto in der Garage. Hat sich das Gehirn erst eingewöhnt, gibt's klasse Erinnerungsfotos!

Terfens, Österreich ●
tirolland.com/hausstehtkopf

● Basel, Schweiz
dunkel-service.ch/
kleiderbuegel-museum

KLEIDERBÜGELMUSEUM

KNITTER-FREI

☞ Wer nach einem zeitgemäßen Souvenir sucht: Im Onlineshop gibt's nachhaltige Holzkleiderbügel.

Wer seine Kleidung nicht achtlos auf den Stuhl im Schlafzimmer werfen möchte, braucht – Kleiderbügel. Im Museum der Firma Dunkel in Basel finden sich über 4000 verschiedene Exemplare, manche älter als 400 Jahre. Ob Plastik oder Holz, mit Köpfen, Mottenkugelhaltern, Hosenklemmen, in Clown- oder Katzenform – die Möglichkeiten sind endlos.

NAGELMUSEUM
KUNST MIT KÖPFCHEN

☞ In diesem Museum können wir uns unmöglich auf ein Highlight festnageln lassen.

Mehr als 4500 verschiedene Nägel! Und warum hat die jemand angemalt? Ach so, das ist ja gar kein Baumarkt … Im Nagelmuseum verschwimmen die Grenzen von Kunst und Handwerk: Daten und Fakten zur Bedeutung des Nagels stehen neben Kuriositäten wie den 4 Millimeter kleinen Nagelkopf-Gemälden des Künstlers Hans Rings.

● Löchgau, Deutschland
www.loechgau.de

● Passau, Deutschland
www.dackelmuseum.de

DACKELMUSEUM
WACKEL-
WAPPENTIER

Er gehört zu Bayern wie Weißbier und Oktoberfest: der Dackel. Die Verehrung für das inoffizielle Wappentier des Freistaats ist so groß, dass es eigentlich nur eine Frage der Zeit war, bis dem charakterstarken Vierbeiner ein eigenes Museum gewidmet wird. Die Dachshundliebhaber – und Veranstalter der Passauer Dackelparade – Seppi und Oliver versammeln Devotionalien vom Wackeldackel bis zum Olympiamaskottchen Waldi.

☞ Fazit (frei nach Loriots Mops-Weisheit): Ein Leben ohne Dackel ist möglich, aber sinnlos.

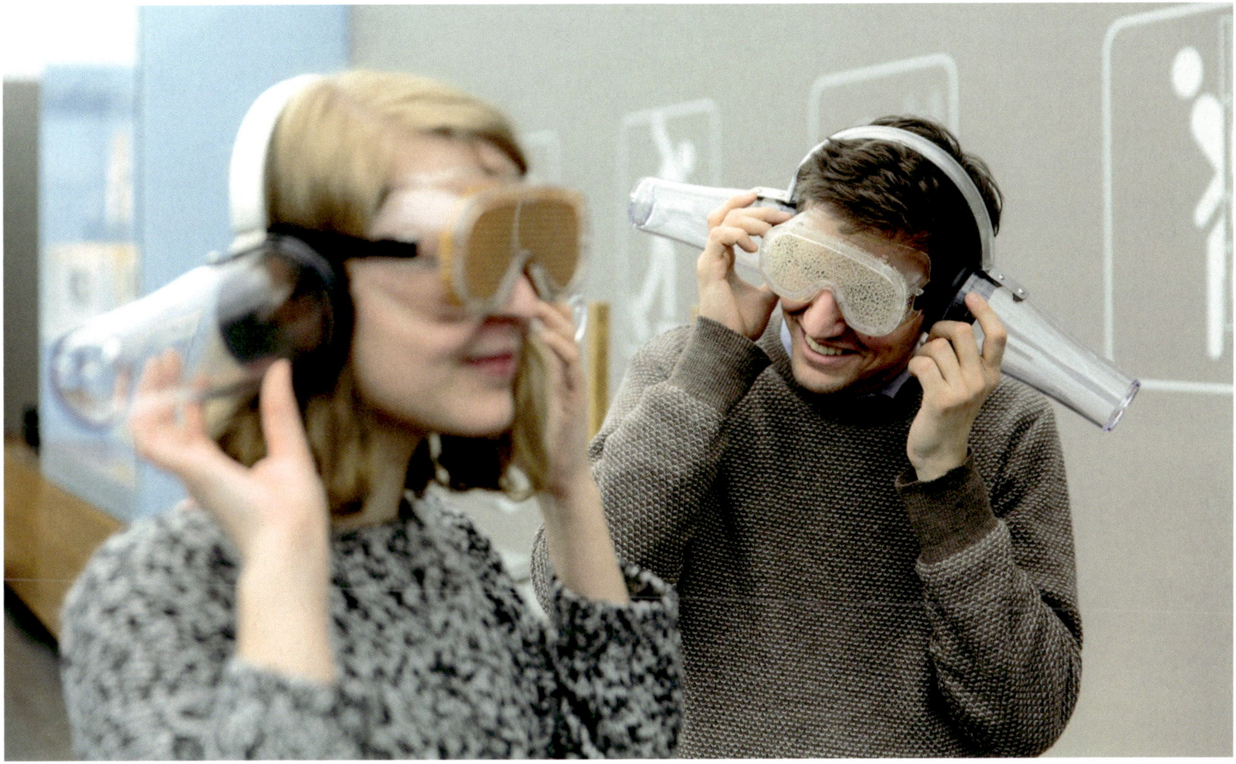

DEUTSCHES HYGIENE-MUSEUM

DAS HAT SICH GEWASCHEN!

☞ Nach dem Ende der DDR trennte man sich von Maskottchen und Hygiene-Überwacher Kundi.

Hier dreht sich alles um das Thema Mensch – neben übergroßen Milben und Hausfliegen natürlich. Gründer und Mundwasser-Erfinder Karl August Lingner wollte 1912 den Bakterien den Kampf ansagen und die Bevölkerung über die unsichtbare Gefahr aufklären. Die Hauptattraktion des Museums ist auch fast unsichtbar: der gläserne Mann.

● Dresden, Deutschland
www.dhmd.de

München, Deutschland ●
www.sporkmuseum.com

SPORK- UND GÖFFELMUSEUM

SURVIVAL-TIPP

👉 Sieht ausgesprochen witzig aus und spart Abwasch und Gewicht – worauf wartest du also noch?

Ein Göffel (oder Spork) gehört zur Grundausrüstung jedes Reisenden. Wobei der Anzahl der Funktionen der Gabel-Löffel- (oder Spoon-Fork-) Kombination, ähnlich wie bei einem Schweizer Taschenmesser, keine Grenzen gesetzt sind. Auf Instagram unter @sporkmuseum stellt dieses virtuelle Museum die Modelle ausführlich vor.

● Brügge, Belgien
www.frietmuseum.be/en

FRIETMUSEUM
TOLLE KNOLLE

Hach, Pommes frites – die wohl köstlichste Art, eine Kartoffel zuzubereiten und zu verspeisen. Und niemand ist darin besser als die Belgier, die haben's schließlich erfunden! Antworten auf alle Fragen rund um die Kartoffel und ihre leckere Variante, die Fritte, gibt es in Brügge. Dazu kannst du alte Pommesschnitzgeräte bewundern und im Video lernen, wie man die goldenen Stäbchen perfekt zubereitet.

☞ Selbstverständlich hat das Museum eine eigene Frittenbude – der perfekte Abschluss des Besuchs.

33

Basel, Schweiz ●
www.hoosesaggmuseum.ch/

HOOSESAGGMUSEUM
TASCHEN-FORMAT

☞ Auf der Website kann man auch alle vergangenen Ausstellungen betrachten.

Ein Museum für alles (wirklich: alles!), was in die Hosentasche passt. 30 Stück muss man aber schon besitzen – dann kann man seine Schätze für die Ausstellung im kleinsten Museum Basels abgeben. Auf nur einem halben Quadratmeter in bester Lage entstehen so in einem Guckkasten kleine Themenkunstwerke – von Pokémon bis Pillendösli.

![Museum display with whale penis specimens in glass cylinders]

THE ICELANDIC PHALLOLOGICAL MUSEUM
BESTE STÜCKE

👉 Auch Troll- und Elfenpenisse stellt das Museum aus – diese Exponate sind allerdings unsichtbar.

Der ehrenwerten Wissenschaft der Phallologie wird in Islands Hauptstadt endlich zu ihrem rechtmäßigen Stand verholfen. Hier finden sich die besten Stücke einiger Säugetiere – von der 170 Zentimeter langen Spitze eines Walpenis über das 2-Millimeter-Glied eines Hamsters bis zum (gespendeten) menschlichen Exponat.

● Reykjavik, Island
phallus.is/de

Amsterdam, Niederlande ●
www.sexmuseumamsterdam.nl

VENUSTEMPEL

BIENCHEN & BLÜMCHEN

☞ Beliebter Selfie-Spot (vorausgesetzt, man ist mindestens 16 Jahre alt): die übermannsgroßen Penis-Stühle.

Nicht weit vom Hauptbahnhof liegt diese Amsterdamer Institution (perfekt für die nächste längere Wartezeit). In der bildungsbürgerlichen Alternative zum Rotlichtmilieu, stilecht untergebracht in einem Ex-Bordell, kann man Exponate aus der Erotikgeschichte besichtigen: Vom Keuschheitsgürtel bis zur Fetischkammer ist alles vertreten.

CONDOMI-MUSEUM
SAMTIGE LÜMMELTÜTEN

👉 Die freiwillige Eintrittsgebühr ins Museum sollte man entrichten: Sie kommt der AIDS-Hilfe zugute.

Im Keller eines Wiener Erotikfachgeschäfts für Frauen finden sich rund 300 Ausstellungsstücke, von den frühen Anfängen samtgefütterter Kondome im 18. Jahrhundert („englischer Reitmantel") über das erste Gummikondom von 1855 (vom Reifenhersteller Continental) bis zu den ausgefallensten Erfindungen und verrücktesten Modellen.

● Wien, Österreich
www.condomi-plus-herz.at

SCHÖN IST ANDERS

• Somerville, USA
museumofbadart.org

👉 Achtung: Die Galerie ist durch eine gefälschte Sicherheitskamera geschützt!

Selbst deine Mutter will deine Gemälde nicht aufhängen? Keine Sorge, es gibt noch einen Weg zu Ruhm und Ehre: das MOBA! Hier hat man sich dem Recht auf Versagen gewidmet: Die Exponate stammen aus dem Müll oder werden als Spende zur Verfügung gestellt. Einziges Kriterium: Schlecht dürfen sie sein, aber nie langweilig!

ALLES FÜR DIE KATZ …

☞ Eine Dollarnote mit J.P.s Konterfei und dem Motto „We trust no dog" (0,50 Euro) gibt's im Museumsshop.

… – und zwar für eine ganz spezielle: den roten Kater John Pierpoint Morgan (1966-1983), seinen Freunden als J.P. bekannt. Zu seinen Ehren wurde dieses Museum gegründet und mit allerlei Samtpfotigem gefüllt: mit Gemälden, Postern, Skulpturen – und zwei lebendigen Stubentigern. Katzen und Künstler sind eben wie Pech und Schwefel …

● Amsterdam, Niederlande
www.kattenkabinet.nl

SACKMUSEUM

SCHWER GEBEUTELT

● Nieheim, Deutschland
www.sackmuseum.de

☞ Exotisch: das Sackerl (österreichisch für Einkaufstüte). Im Visier der Umweltschützer: der Plastiksack.

Dieser treue Alltagsbegleiter kann nicht genug gelobt werden: Höchste Zeit, dass der alte Sack (immerhin eines der ältesten Transportmittel der Menschheit) gewürdigt wird. Ob Stroh- oder Dudel-, Kartoffel-, Müll- oder Gelber Sack, Airbag, Chipstüte, Tee- oder Geldbeutel – alle Varianten kommen hier nicht ohne Witz zu ihrer besonderen Geltung.

FINGERHUTMUSEUM
STICHFEST

Niemand piekst sich gern beim
Nähen – das sieht man an der
Geschichte des Fingerhuts, die von
Knochenstücken bei den Neander-
talern bis in die heutige Zeit reicht.
In diesem Museum findest du neben
den Exemplaren aus allen Epochen der
Menschheitsgeschichte auch ausgefal-
lene Stücke wie etwa ein Fingerhut-
Schachspiel und ein Modell von
Fabergé (ja, der mit den teuren Eiern),
samt opulentem Aufbewahrungs-Ei.

☞ In der angeschlossenen Gold-
schmiede kannst du dir einen Finger-
hut nach Wunsch anfertigen lassen.

41

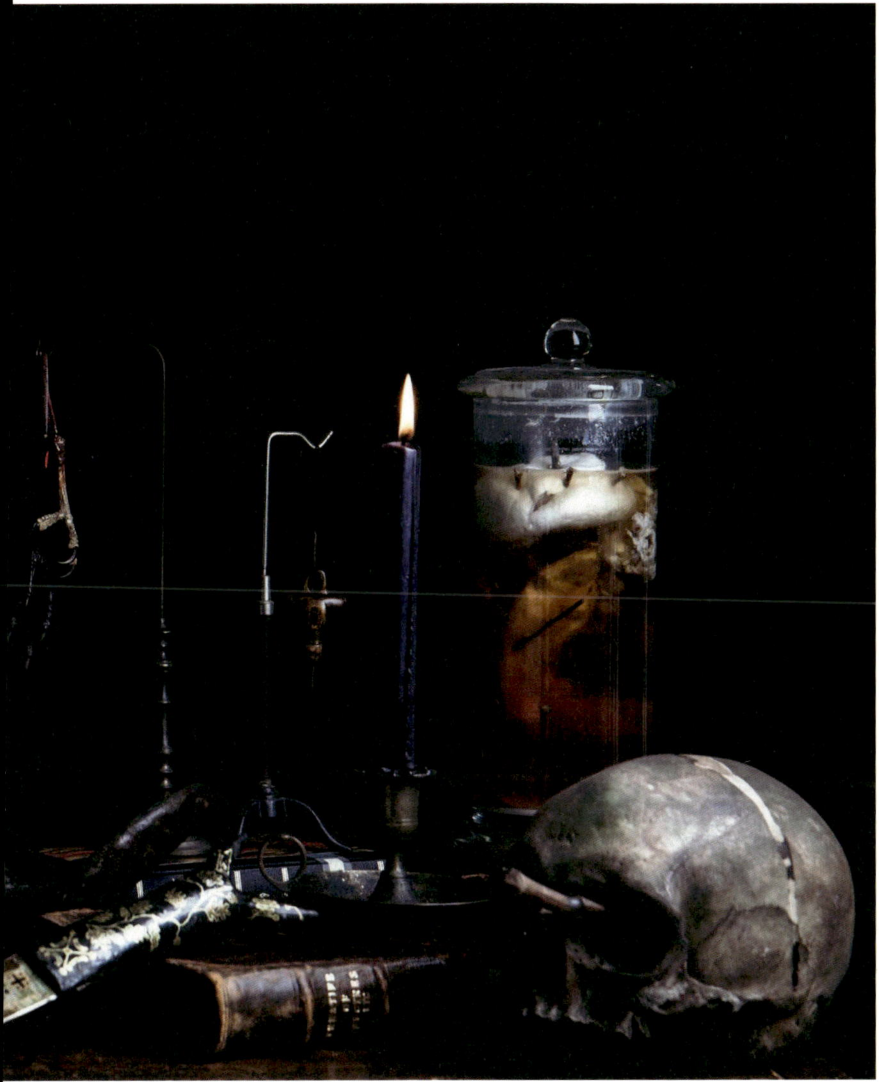

MUSEUM OF WITCHCRAFT
AND MAGIC

GLITZER & GRABSTAUB

Wer einem guten Grusel nicht abge-
neigt ist, kann sich im idyllischen Rosa-
munde-Pilcher-Land Cornwall die welt-
größte Sammlung okkulter, mystischer
und magischer Objekte ansehen –
gegründet von einem echten Wald-
und Wiesen-Hexer und komplett mit
eigenem Ziegenmensch! Einige der
Exponate wie ein explodierter Kessel
aus dem 20. Jahrhundert haben es zu
größerem Ruhm gebracht: Sie waren
Teil der Ausstellung *Harry Potter:
A History of Magic* in London.

☞ Kommen als Mitbringsel für die
Schwiegermutter immer gut: schwarze
Altarkerzen.

43

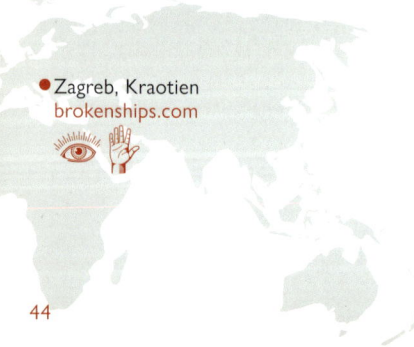

●Zagreb, Kraotien
brokenships.com

MUSEUM OF BROKEN
RELATIONSHIPS

LIEBES-AUS

☞ Auf der „Weltkarte der ge-
brochenen Herzen" kann jeder online
seine eigene Trennung verzeichnen.

Ein Lied, ein Teddybär, die Serviette
mit der draufgekritzelten Telefon-
nummer oder ein kaputter Föhn: Das
sind die Dinge, die nach einer Trennung
übrig bleiben. Dieses Museum versammelt die Überbleibsel von Beziehungen
und erzählt ihre Geschichten. Manchmal hilft es eben, drüber zu reden – in
dem Fall mit der ganzen Welt.

MUSÉE DE LA CONTREFAÇON

ALLES NUR GEKLAUT

☞ Das Museumsgebäude selbst ist eine Kopie – eines Herrenhauses aus dem 17. Jahrhundert.

Prada-Tasche vom Basar, Gucci-Sonnenbrille vom Strand, und alles zum Superschnäppchenpreis? 5–9 % des weltweiten Handels entfallen auf Fälschungen. Gegründet unter der Leitung Gaston-Louis Vuittons (der vermutlich auch zu den größten Opfern zählt), finden sich in diesem Museum Original und Fälschung einträchtig nebeneinander.

● Paris, Franreich
musee-contrefacon.com

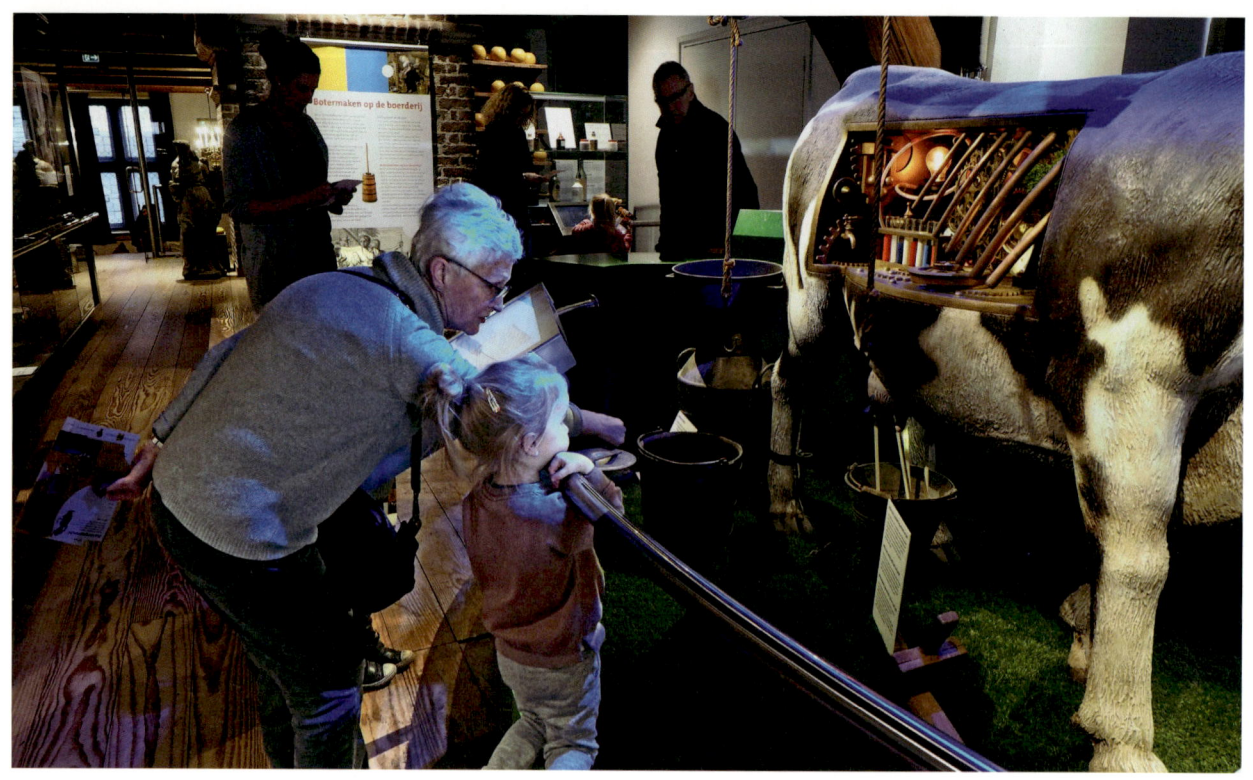

KUH, KÄSE, CAMEMBERT

● Alkmaar, Niederlande
www.kaasmuseum.nl/de

☞ 2018 stellte die Käsegilde hier den Rekord für die größte Käseverkostung mit mehr als 800 Personen auf.

In Alkmaar hat Käse eine lange Tradition. Wo könnte man also besser – mit Blick auf den Käsemarkt, versteht sich – alles über die Köstlichkeit und ihre Herstellung erfahren? Etwa, was die Kuh mit dem Käse zu tun hat. Kinder machen eine Käse-Entdeckungstour und werden zum Käseexperten, dazu gibt es nostalgische (!) Käsegemälde.

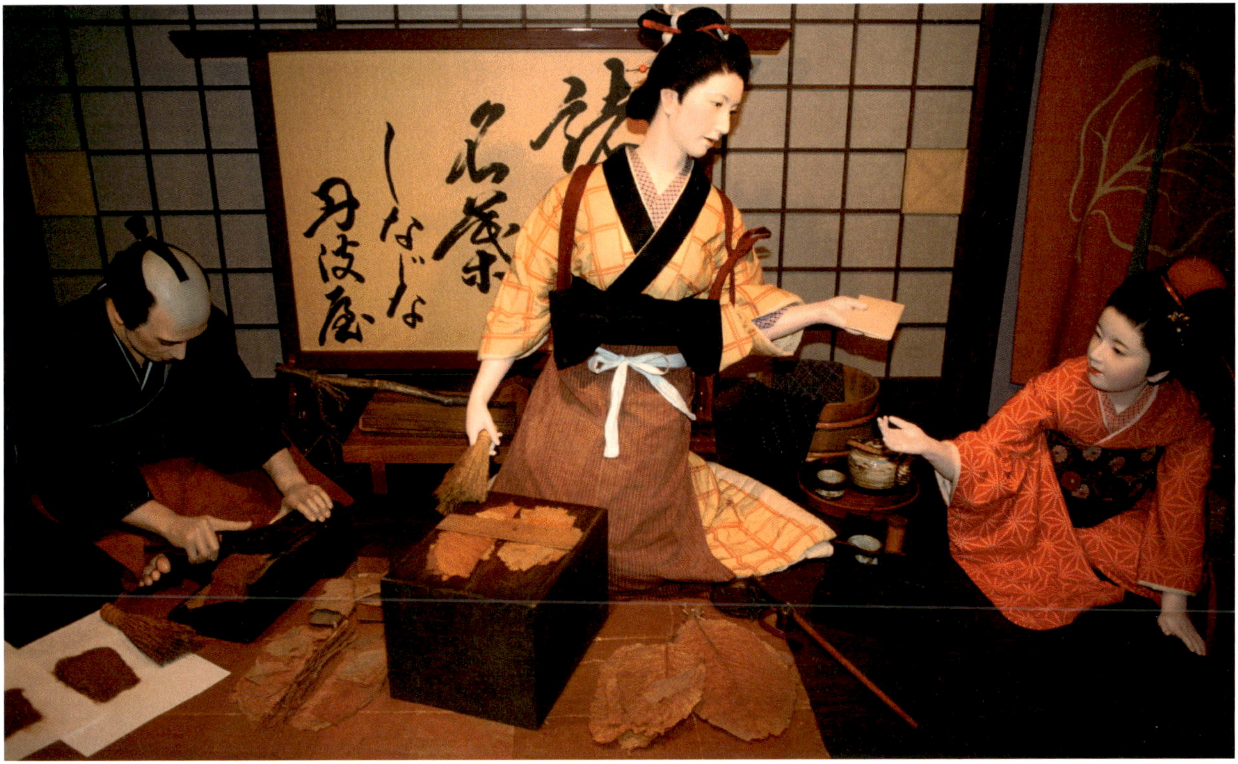

TOBACCO AND SALT MUSEUM

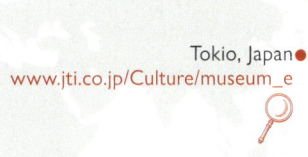

DAS SALZ IN DER SUPPE

☞ „Das beste Preis-Leistungs-Museum, das ich je besucht habe" – Kommentar auf TripAdvisor

Dieses Museum, unauffällig betrieben vom Konzern Japan Tobacco, vereint Beispiele der Tabakwerbung aus den letzten anderthalb Jahrhunderten mit allem, was es über Salz zu wissen gibt. Ob diese Kombination nur ein Versuch ist, von der schamlosen Schleichwerbung abzulenken, muss wohl jeder selbst herausfinden.

Tokio, Japan

www.jti.co.jp/Culture/museum_e

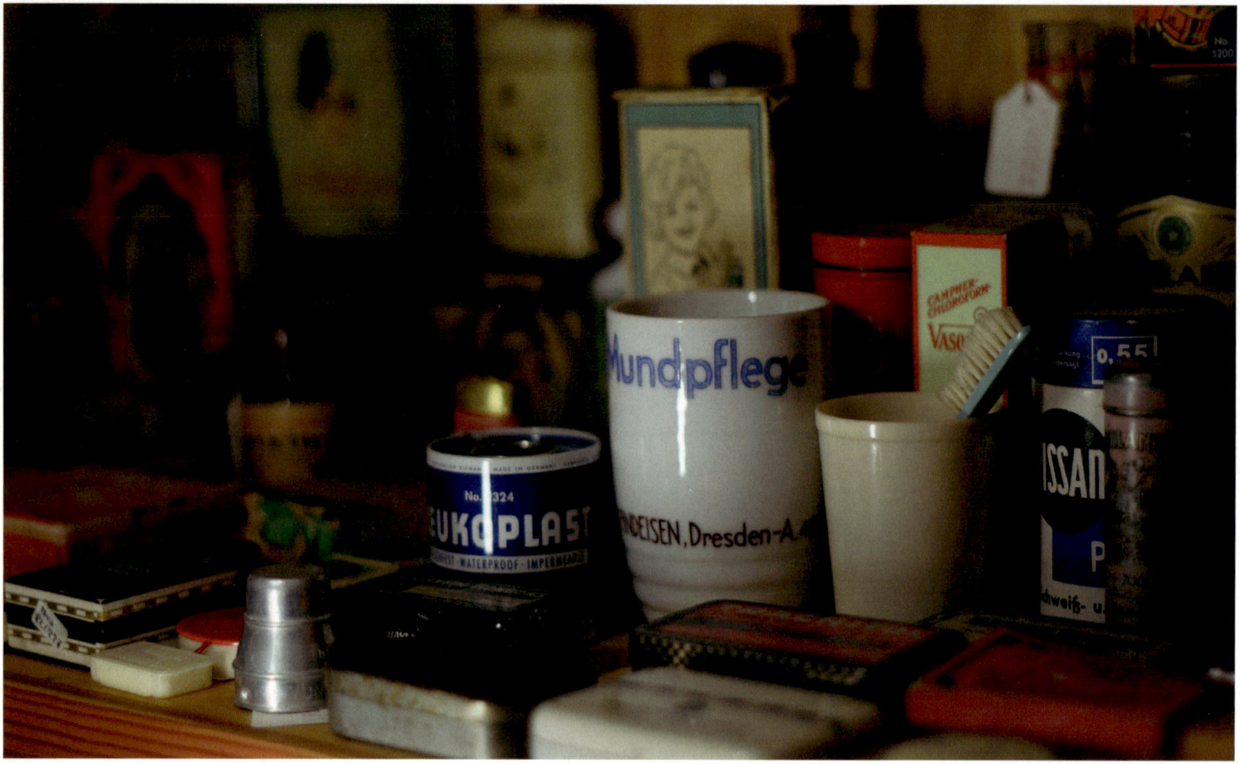

WERKBUNDARCHIV

VOLL MEIN DING

☞ Um das Museum zu unterstützen, kannst du ein „Pflegeding“ adoptieren

Der Deutsche Werkbund wollte 1907 die Alltagskultur revolutionieren. Die Dinge sollten fortan schlicht und funktionell sein. Ob das Vorhaben geglückt ist, kann jeder selbst überprüfen: Im Museum der Dinge findest du Objekte des Alltags zwischen Ramsch, Kitsch und Design – etwa ein Regal Nivea-Dosen aus verschiedenen Jahren.

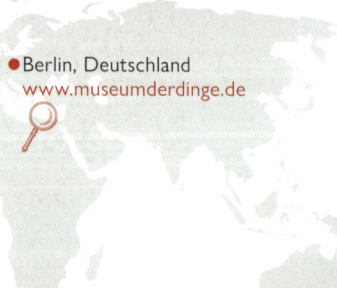

Berlin, Deutschland
www.museumderdinge.de

● Einsiedeln, Schweiz
www.museums.ch/org/de/Lebkuchen
museum-Goldapfel

MUSEUM GOLDAPFEL

SCHAFBOCK & LEBKUCHEN

Entgegen dem, was man angesichts des Namens erwarten würde, geht es hier weder um wollige Tiere noch um goldenes Obst oder lebende Kuchen. Tatsächlich handelt es sich um die traditionsreiche Bäckerei Goldapfel mit ihrem nostalgischen Lebkuchenladen wie zu Großmutters Zeiten. Für Nasch-katzen empfiehlt sich die Führung mit abschließender Lebkuchen-Degustation (Kenner nehmen an der Tour in lokaler Einsiedler Mundart teil).

☞ Die Bäckerei bietet an, Lebkuchen mit dem eigenen (Firmen-) Logo zu versehen.

● Sluis, Niederlande
bizarium.com/de

BIZARIUM
TÜFTLERTRAUM

Im Lauf der Menschheitsgeschichte gab
es einige bizarre Erfindungen, die nie
verwirklicht wurden: das wandernde
U-Boot etwa, der Haarwuchshelm
oder auch das fliegende Fahrrad von
da Vinci, um nur einige zu nennen.
Hier wurden sie liebevoll (re)konstru-
iert und mithilfe authentischer Materialien zum Leben erweckt. Und so stellt
sich heraus, dass keine Idee so schlecht
ist, dass sie nicht andere Erfindungen
inspiriert haben könnte.

Die Besucher sind sich bei
diesem bizarren Ideenreichtum einig:
glatte 5,0 Sterne bei TripAdvisor!

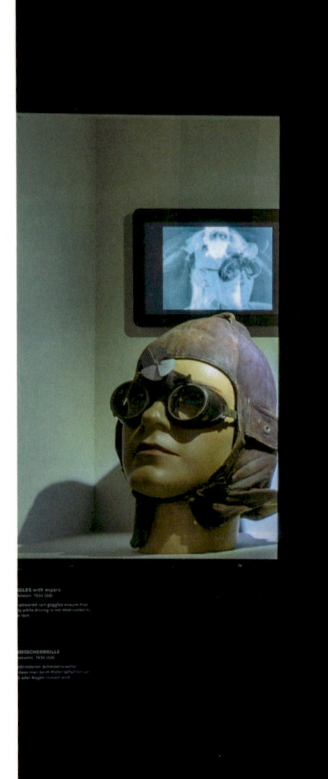

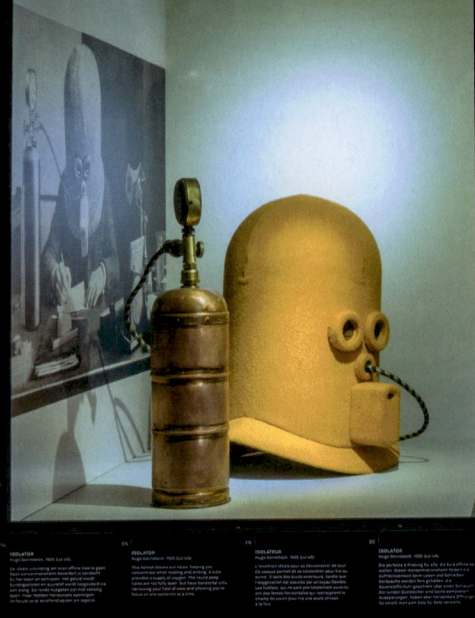

![Carrières de Lumières projection in the limestone quarry]

CARRIÈRES DE LUMIÈRES
VOLL IM BILDE

👉 Der Steinbruch war 1959 Drehort des avantgardistischen Films „Das Testament des Orpheus".

Mittendrin in der Kunst: Meterhohe Wände und der Boden dienen in den alten Kalksteinbrüchen von Les Baux-de-Provence als Projektionsfläche für die Kunstwerke berühmter Maler wie van Gogh oder Monet. Sternennächte oder Seerosen ziehen, dank 70 Videoprojektoren, im größten Multimedia-Spot Frankreichs an dir vorbei!

● Les Baux-de-Provence, Frankreich
www.carrieres-lumieres.com

GLUCKE & HASENOHR

☞ Unbedingt probieren solltest du das Shiitake-Bier, das im oberirdischen Café kredenzt wird.

● Saumur, Frankreich
www.musee-du-champignon.com
🔍

Was haben Krause Glucke, Totentrompete und Hasenohr gemeinsam? Sie sind Ausstellungsstücke im unterirdischen Höhlenmuseum von Saumur: Zwischen 10 Tonnen Kulturpilzen und mehr als 250 wilden Pilzarten wirst du in die Geheimnisse der Aufzucht eingeweiht. Kinder bekommen ein Pflanzset für die Pilzfarm zu Hause.

VERHEXT & ZUGENÄHT

Nicht nur Satanisten können hier über ihre persönliche Beziehung zum Teufel sinnieren.

Die Litauer gelten als abergläubisches Volk, und so ist es nicht verwunderlich, dass ausgerechnet im beschaulichen Kaunas Teufeleien aus aller Welt zu sehen sind. Darunter: eine Brockenhexe aus Deutschland, ein Satyr aus Griechenland, Götzen aus Lateinamerika – und eine Darstellung der allzu echten Teufel Hitler und Stalin beim Totentanz.

● Kaunas, Litauen
ciurlionis.lt/en

Vespa Alpha 1967

MUSEO PIAGGIO
IM WESPEN-NEST

👉 Top fürs Erinnerungsselfie: die Riesenvespa, die mit rund 4 Metern Höhe wahrhaft imposant daherkommt.

War man wirklich in der Toskana, wenn man keine romantische Spritztour mit der Vespa unternommen hat? Im Museum des Herstellers Piaggio kannst du die ausgefallensten (und nicht immer fahrtauglichsten) Modelle bestaunen: eine Flugvespa, eine Stretchversion, eine Dalmatinervespa, eine Militärvespa mit Panzerfaust, eine Vespa ganz aus Kupfer …

● Pontedera, Italien
www.museopiaggio.it

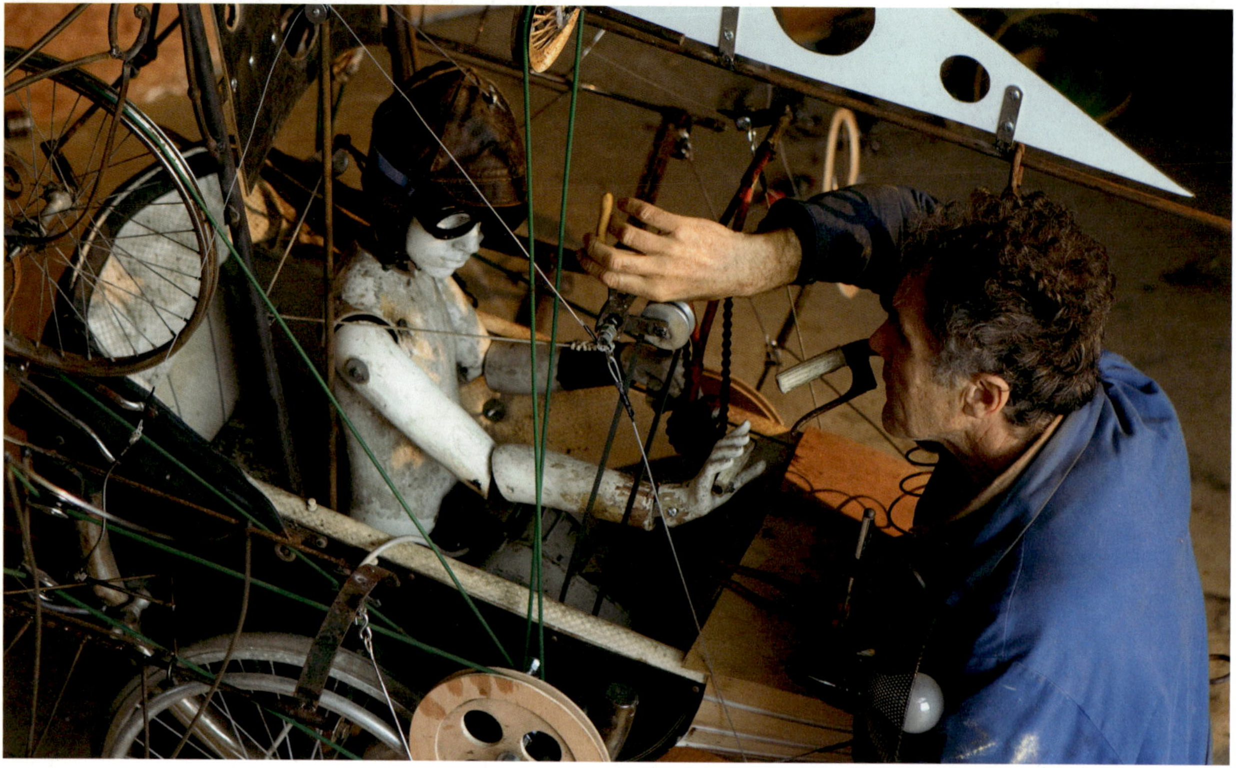

L'UNIVERS DU POÈTE FERRAILLEUR

SCHROTT MIT CHARME

Hand aufs Herz und Hirn eingeschaltet: Recycling war noch nie so zauberhaft!

Ist das Kunst oder kann das weg? Manchmal geht beides: Robert Coudray, der „poetische Schrotthändler", hat 20 Jahre lang geschraubt, um seinen Traum zu verwirklichen. Gebrauchte Materialien werden zu fantastischen Gebäuden, Modellen und Flugmaschinen, zu Windspielen, musikalischen Brunnen und bewegten Skulpturen.

● Lizio, Frankreich
www.poeteferrailleur.com

St. Gallen, Schweiz ●
www.schuetzengarten.ch/de

BIERFLASCHENMUSEUM

GERSTEN-KALTSCHALEN

Prost! Die Brauerei Schützengarten zeigt in ihrem Museum mehr als 3000 (leere) Bierflaschen aus der Produktion von sage und schreibe 260 Schweizer Brauereien. Von der 140 Jahre alten Tonflasche bis zum Gefäß für das trendige Craftbeer ist in den Vitrinen alles vertreten – wenn man da mal keinen Durst auf ein kühles Bierchen bekommt!

☞ Auch die aktuelle Produktion kann natürlich besichtigt werden – inklusive Degustation.

● Wien, Österreich
wien.kriminalmuseum.at

KRIMINALMUSEUM
TATORT WIEN

Hände hoch! Gaaanz langsam umdrehen – und eintauchen, in die dunkle Vergangenheit Wiens. In einem der ältesten Gebäude des 2. Bezirks findet man Originaldokumente von echten Kriminalfällen, vom Mittelalter bis heute. Unter den Exponaten sind auch Körperteile von Hingerichteten wie zum Beispiel der Schädel von Hugo Schenk, der 1884 für den Mord an vier Dienstmädchen hingerichtet wurde – und dessen Geschichte die Reporterlegende Egon Erwin Kisch auf den Grund ging: „Eine Frau, die auf ihren Mörder wartet".

☞ Wie könnte es in Wien auch anders sein: Im Innenhof des Museums gibt es ein Kaffeehaus.

GESUCHT: DER „STUMME"

● Aggius, Italien
www.museodiaggius.it

☞ Tansu inspirierte Enrico Costa zu seinem Roman „Der Stumme der Gallura".

Die Ruhe trügt, in der Gallura im Nordosten Sardiniens. 300 Jahre lang war hier die Banditenhochburg der Insel: Schmuggel, Raub und eine Familienfehde von Shakespeare'schen Ausmaßen. Der berüchtigtste Halunke war Sebastiano „der Stumme" Tansu – sein Verlobungsring ist hier ausgestellt (neben diversen Pistolen).

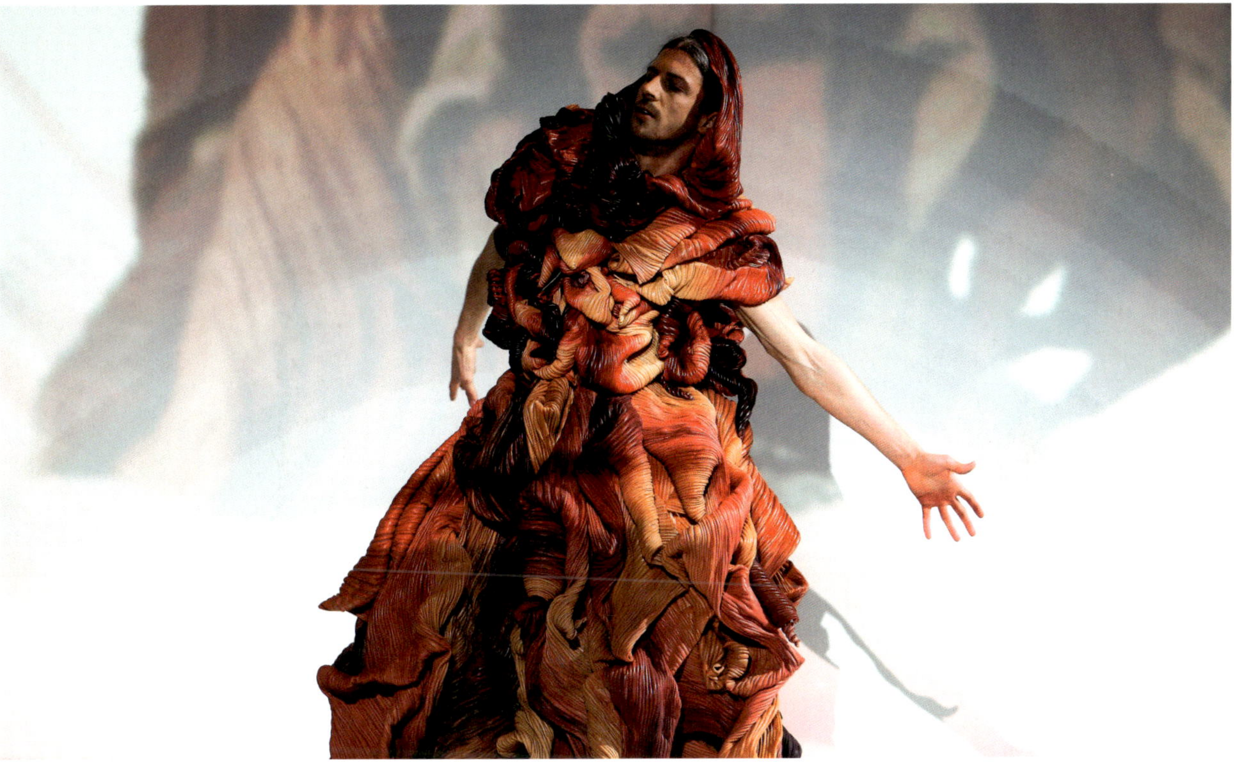

WORLD OF WEARABLE ART

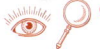

DER WOW-EFFEKT

☞ Bonus: Das Museum zeigt außerdem eine Kollektion von mehr als 140 Oldtimern.

Mit Latex, integrierten Exoskeletten oder mit Kleidung, die an eine Pilzkultur erinnert, fällt man im Büro garantiert auf! Für solche Art tragbare Kunst in Form von Kleidungsstücken findet in Neuseeland seit 30 Jahren ein Wettbewerb statt – die Ergebnisse werden dann im Museum World of Wearable Art (WOW) ausgestellt.

Nelson, Neuseeland
www.worldofwearableart.com

● Kopenhagen, Dänemark
thomasdambo.com/works/
forgotten-giants

FORGOTTEN GIANTS

SANFTE RIESEN

Unmittelbar außerhalb von Kopenhagen wartet eine zauberhafte Welt: In
Wäldern, an Flüssen, auf Hügeln und
Wiesen verstecken sich sechs hölzerne
Trolle des Künstlers Thomas Dambo,
der damit die Menschen aus der Stadt
in die Natur locken will. Jeder von
ihnen besteht aus recyceltem Holz
und hat eine Zusatzfunktion, z.B. als
Brücke, Schutzhütte, Vogelhäuschen
oder Aussichtspunkt. So freundlich
können Trolle eben auch sein!

☛ Die Skulpturen kannst du mit
der Hilfe einer Schatzkarte in der
Landschaft finden.

● Los Angeles, USA
failuremuseum.com

MUSEUM OF FAILURE

FLOP STATT TOP

Was haben die Google Glass, ein Fahrrad aus Plastik und fettfreie Pringles gemeinsam? Sie alle sind grandios gescheitert: an ihrer Unausgereiftheit, der Instabilität bei Hitze oder wegen ihrer abführenden Wirkung. Über 100 solcher „Versager" finden sich in einer Wanderausstellung, die von Los Angeles aus rund um die Welt tourt. Merke: Ein großer Name allein sorgt nicht für Erfolg, und Verlieren gehört zum Leben dazu!

☞ Die Idee kam Gründer Samuel West, als er vom Museum of Broken Relationships erfuhr (S. 44).

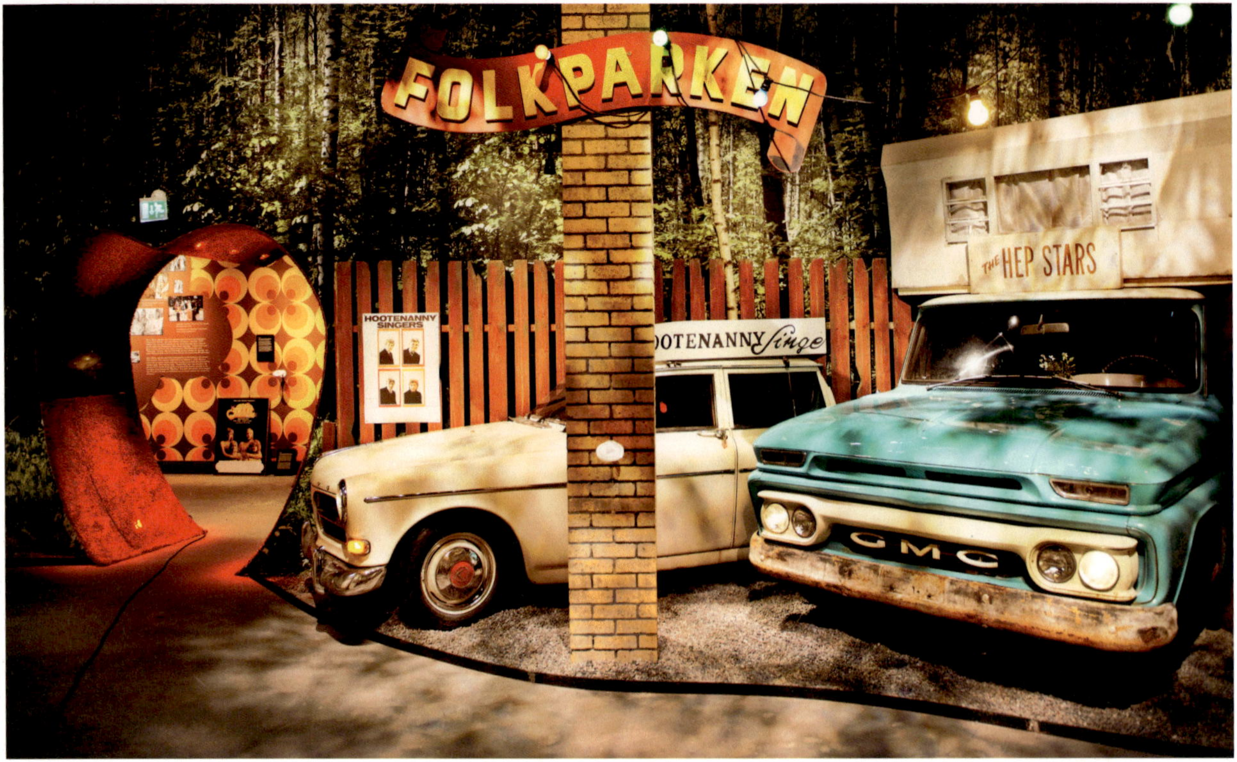

ABBA – THE MUSEUM

KOMM REIN – TANZ RAUS

☞ Alle deine Ton- und Videoaufnahmen aus dem Museum sind 30 Tage lang online abrufbar.

Mit ABBA auf der Bühne stehen? Die kultigen Kostüme anprobieren? Im Tonstudio an den Hits mitmischen? Alles ist hier möglich (Hologramme helfen dabei)! Dazu gibt es alle Infos zur Band, die Making-ofs der „Mamma Mia!"-Filme und das „Ring-Ring-Telefon", auf dem gelegentlich Mitglieder der Band anrufen, um mit Besuchern zu plaudern.

● Stockholm, Schweden
www.abbathemuseum.com/en

SARDINEN-BÜCHSE

👉 2010 gewann das Museum mit dem doch sehr speziellen Thema den Museumspreis des Europarates.

So wichtig können Fische sein: In der alten Sardinen- und Makrelendosen-fabrik werden Produktion und Arbeits-leben aus den Hochzeiten der Ölsardi-nenproduktion inmitten vieler Original-maschinen nachgestellt. Hier kannst du den Weg der Sardine vom Fischernetz in die mit typischen Designs geschmück-ten Konservendosen verfolgen.

● Portimão, Portugal
museudeportimao.pt

MARKE?
GOLDJUNGE!

● Funchal, Madeira
museucr7.com

☞ Madeiras Flughafen wurde nach Cristiano Ronaldo benannt – ebenso wie der Platz vor dem Museum.

Was fehlt einem noch zum Glück, wenn man einer der bestbezahlten Fußballer der Welt ist, mit eingetragener Marke und Produktimperium? Natürlich ein eigenes Museum: In Cristiano Ronaldos Heimatort auf Madeira warten zahllose Trophäen und ein Virtual-Reality-Fotopoint, bei dem es aussieht, als stünde CR7 direkt neben dir.

SELTZER BOTTLES OF BROOKLYN

ALTAR FÜR DEN BIG APPLE

☞ Auch Leihgaben von Bürgern werden ausgestellt – egal ob Einhorn-Figuren oder gemusterte Socken.

Ein Schrein zu Ehren der Stadt, die niemals schläft: In zwei Räumen versammeln sich Artefakte New Yorks: im Hudson angespülte Gebisse, Poster der Weltausstellung, Memorabilia der Brooklyn Dodgers, eine beachtliche Sammlung von Freiheitsstatuen, die Kordel der Trauerverhüllung am Rathaus nach 9/11. New York in a nutshell!

● New York, USA
www.cityreliquary.org

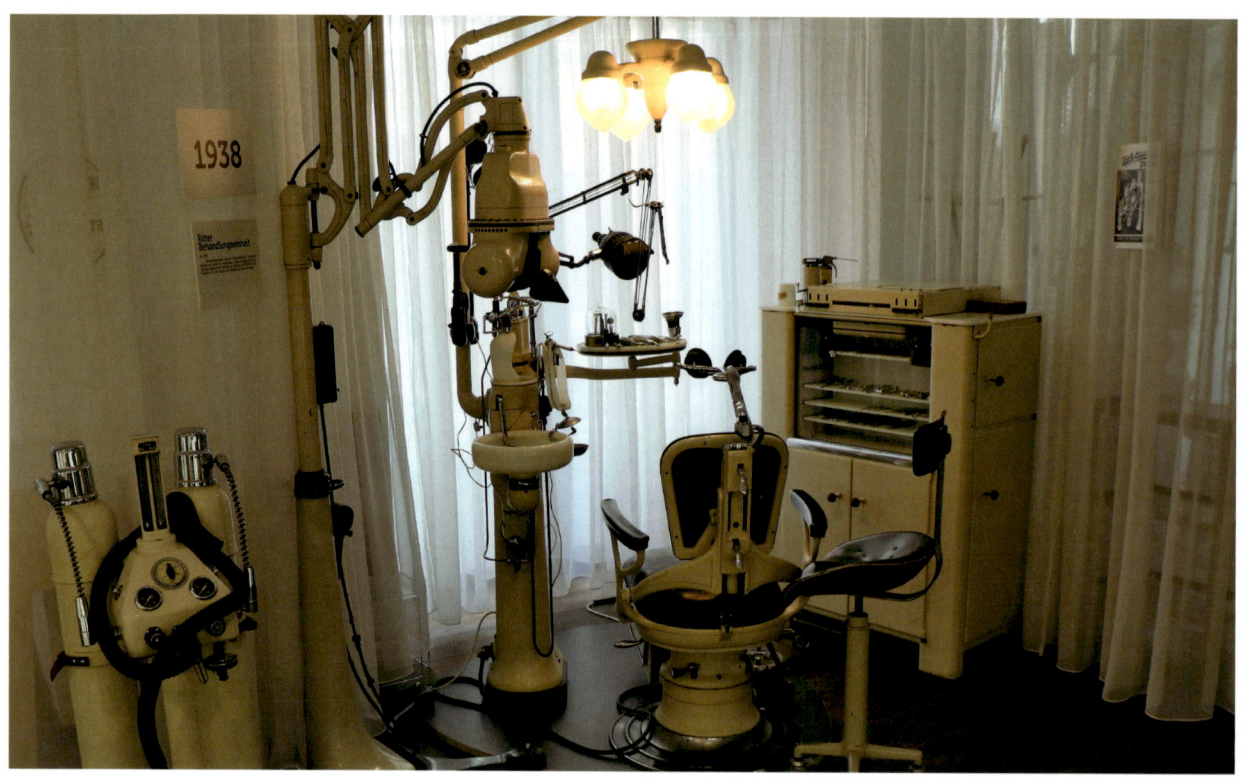

1938

BITTE LÄCHELN!

☞ Angst vor Bohrer, Spritze und Zahnseide? Dieses Museum ist definitiv nichts für Dentophobiker!

● Linz, Österreich
www.zahnmuseum-linz.at

Hier fühlst du dich wie in einer (moderne) Mundhöhle – selbst die Vitrinen sind Backenzähnen nachempfunden. Darin findet man Objekte von früher Zahnheilkunde (sprich: Kneifzangen) bis zu modernster Zahnersatztechnik. Die alten Behandlungsstühle lassen einen den Fortschritt der Technik sehr wertschätzen …

GSELLMANN WELTMASCHINE

APPARAT ZUM TRÄUMEN

👉 Die erste Inbetriebnahme der Weltmaschine 1968 sorgte für einen Stromausfall im ganzen Dorf.

Nachdem er 1958 das Atomium in Brüssel gesehen hatte, war in Franz Gsellmann ein Feuer entfacht: Der ansonsten unauffällige Landwirt aus der Steiermark baute bis zu seinem Tod an einer wundersamen Konstruktion, die – einmal von Elektromotoren in Bewegung gesetzt – blinkend und surrend zum Staunen und Träumen einlädt.

● Edelsbach, Österreich
www.weltmaschine.at

Herrnbaumgarten, Österreich
www.nonseum.at

NONSEUM

GEDANKEN-ÜBERSCHUSS

Unbrauchbare, aber „grenzgeniale“ Erfindungen, „sorgsam losgelöst vom Nützlichkeitsdenken des Alltags“, wie es auf der Website des „verruckten Dorfs“ Herrnbaumgarten heißt: Die Einzelsocken-Haussammlung, die Schäfchenzählmaschine, die Schwarzlichtbirne oder die selbststellende Parkuhr sind nur ein paar der herrlich verrückten Stücke im wunderlich-liebenswerten Nonseum.

☞ Motto: „Irgendwie wollen wir irgendwo irgendwem ein Lächeln entlocken – weiter nichts“

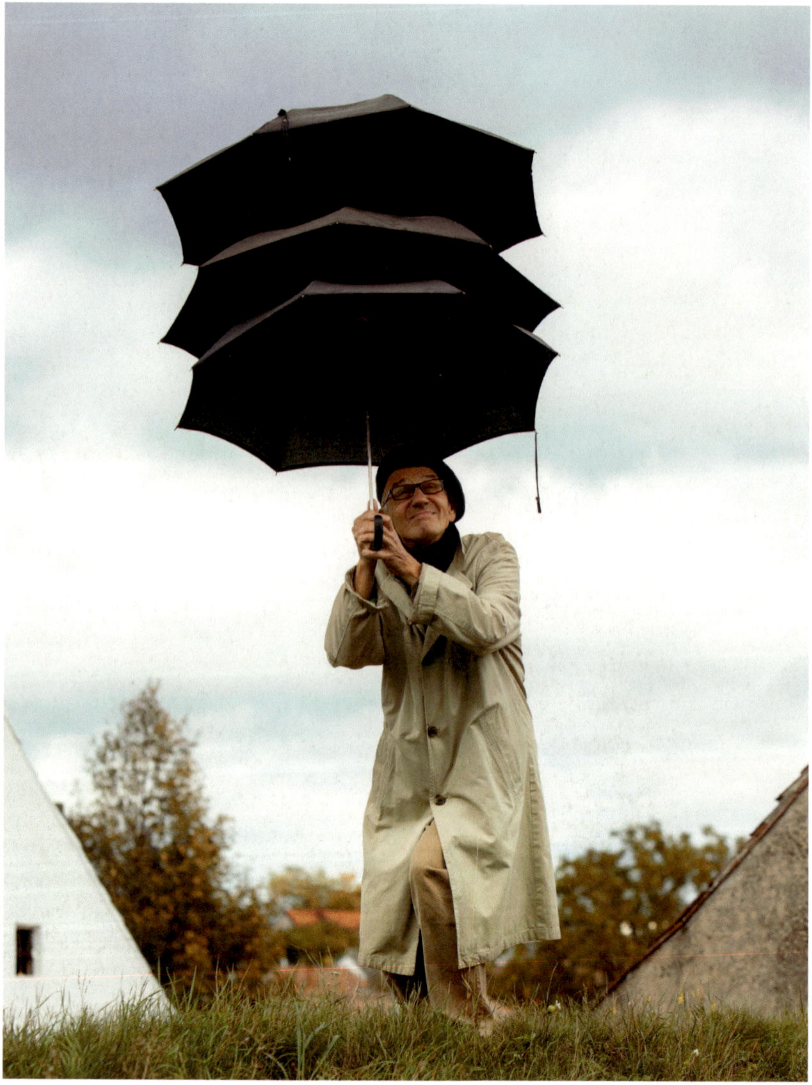

SITZSTREIK
Komme gleich!

NACKT
2010

● Barcelona, Spanien
irbarcelona.de/museen-barcelona/
sammlung-leichenwagen

COL·LECCIÓ DE CARROSSES FÚNEBRES

LETZTE LUXUS-KAROSSEN

☞ In der Bibliothek stehen rund 2000 Bücher zum Thema Beerdigung.

Die letzte Reise soll, bitteschön, was hermachen! Mit den prachtvoll verzierten Leichenkutschen wurde noch bis in die 1990er-Jahre standesgemäß königlich zu Grabe gefahren. Trotz des düsteren Themas ein echter Hit: die Virtual-Reality-Technik, die dir eine Zeitreise ins Barcelona des 19. Jahrhunderts ermöglicht.

TEATRE-MUSEU DALÍ

ZUM DAHIN-SCHMELZEN

👉 Dalí lebte sogar eine Zeitlang im Museum – und liegt auch hier im Keller begraben.

Als ihm der Bürgermeister seines Heimatdorfs vorschlug, Dalí möge dem örtlichen Museum doch eines seiner Gemälde stiften, ließ dieser prompt ein ganzes Museum errichten – in den Ruinen des alten Theaters. Alles im und am Gebäude wurde von Dalí konzipiert, von den Eiern auf dem Dach bis zum Regen-Auto im Innenhof.

● Figueres, Spanien
www.salvador-dali.org/en

●Maidstone, England
www.leeds-castle.com

THE DOG COLLAR MUSEUM
SITZ!

Seit sich der erste Wolf zu nah an ein
Lagerfeuer gewagt hat und domesti-
ziert wurde, schmücken Frauchen und
Herrchen ihre vierbeinigen Lieblinge
mit Halsbändern aller Art. Anfangs
dienten die mit schweren Stacheln
bewehrten Kragen noch zur Abwehr
von Bären. Später dann wurden sie,
manifestiert in den dekadenten, reich
verzierten Goldreifen des Barocks, vor
allem zum Prahlen verwendet.

☞ Die Sammlung mit mehr als
130 Halsbändern ist in einem echten
Schloss untergebracht: Leeds Castle.

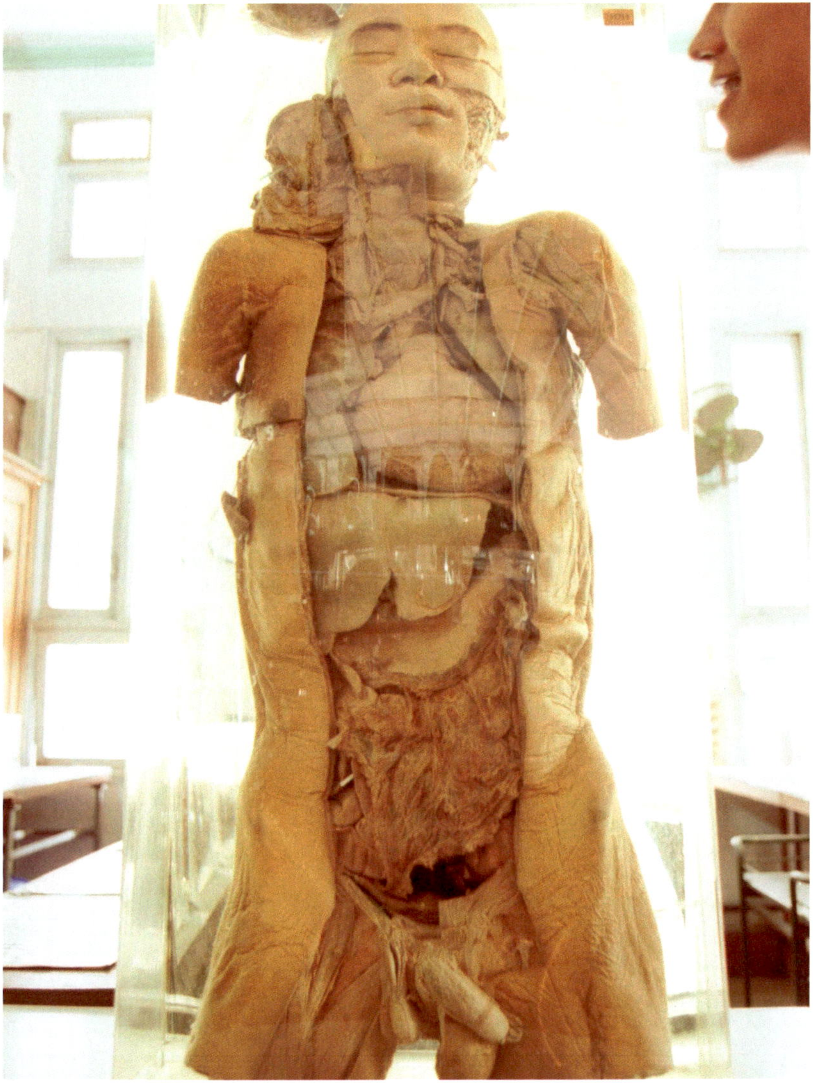

SIRIRAJ MEDICAL MUSEUM
CSI: BANGKOK

Den Besuch dieses Museums empfehlen wir nur denjenigen mit einem robusten Magen – lass dich nicht von den anwesenden Schulkindern täuschen! Die pathologische Abteilung zeigt neben grausig zugerichteten Körperteilen von Mordopfern (Stichwort: Kettensäge) auch neun konservierte Babys und die Mumie eines thailändischen Serienkillers, einem Kannibalen mit einer Vorliebe für Kinder.

☞ Diese Sammlung hat den mehr oder weniger charmanten Spitznamen „Museum des Todes".

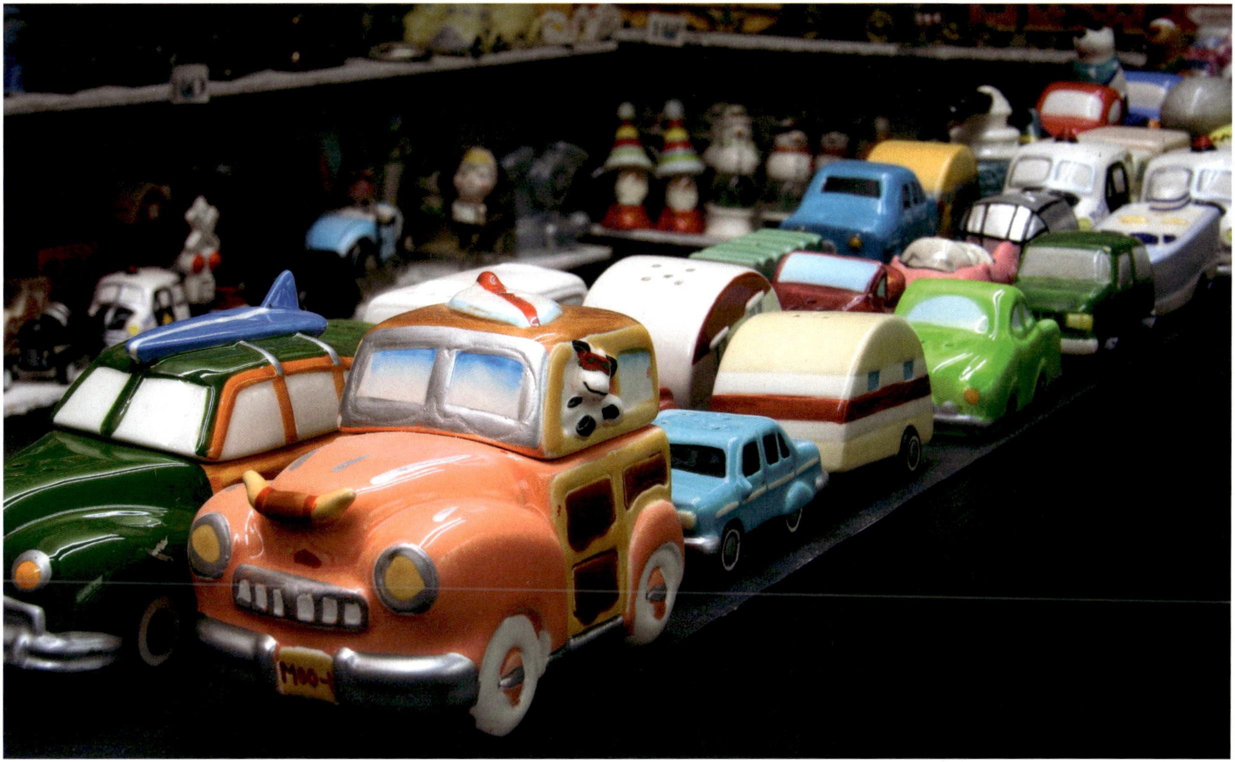

SALT AND PEPPER SHAKER MUSEUM

KREATIVE WÜRZE

☞ Auch der Onlineshop bietet eine üppige Auswahl an originellen Streuern.

Mit mehr als 20 000 verschiedenen Salz- und Pfefferstreuer-Pärchen wird hier die menschliche Kreativität an kleinen Dingen zelebriert. Falls Tennessee nicht auf dem Reiseplan steht: Es gibt auch eine virtuelle Tour durch die thematisch sortierte Sammlung – dann kann man sich aber nicht die 3 US-Dollar Eintritt auf den Einkauf im Museumsshop anrechnen lassen.

● Gatlinburg, USA
thesaltandpeppershakermuseum.com

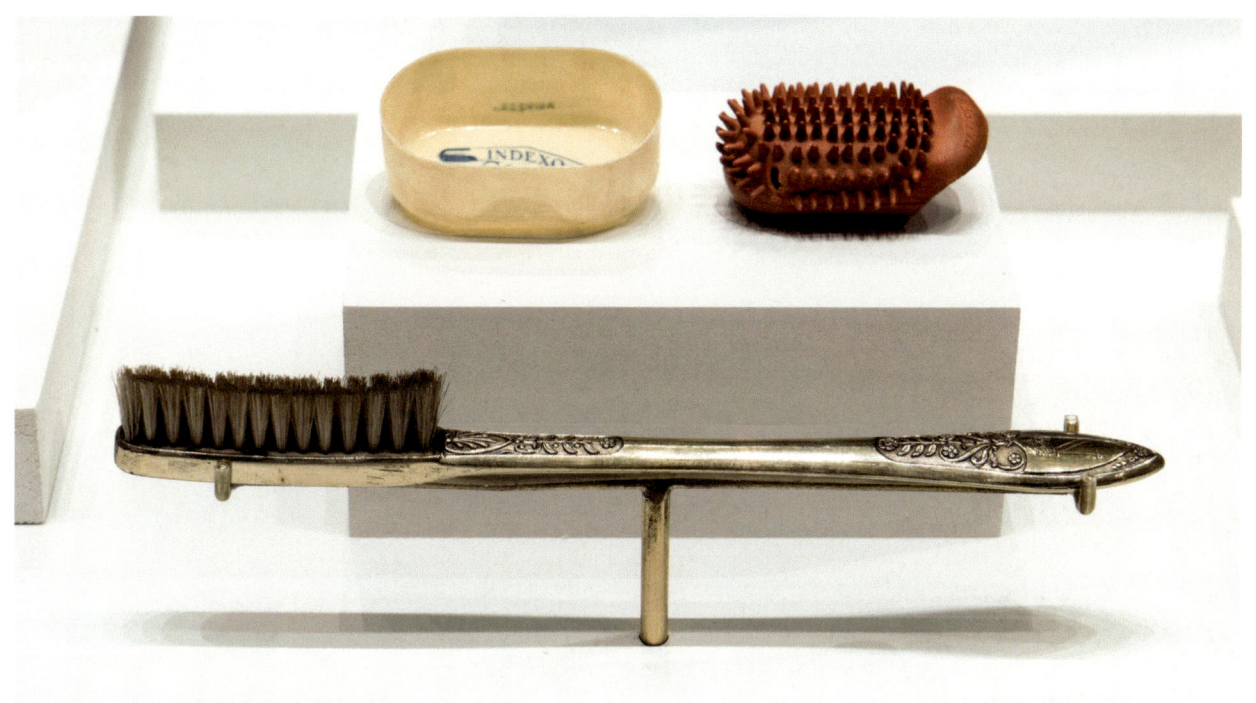

UNSTILLBARE NEUGIER

👉 Falls du dich auch verewigen willst: Besucher können an einer Wand ihre eigene Kunst hinterlassen.

Vergiss das British Museum und die Tate Modern: An diesem einzigartigen Ort am Euston Square findest du eine kuriose Wundertüte aus Wissenschaft, Kunst, Medizin und dem Leben an sich! Artefakte wie Napoleons Zahnbürste und wechselnde Sonderschauen zu allen erdenklichen Themen sind unwiderstehlich für die Naseweisen dieser Welt.

● London, England
www.soane.org

ERWIN HYMER MUSEUM

IM CAMPING-HIMMEL

● Bad Waldsee, Deutschland
www.erwin-hymer-museum.de

☞ Campen ist angesagt: Im Zukunftsbereich gibt es die Trends und Visionen von morgen zu sehen.

Wer auf der B30 in den Campingurlaub unterwegs ist, kann sie gar nicht übersehen: die riesige Halle des „Museums für mobiles Reisen". Im Innern schlängelt sich eine Polonaise von über 80 Oldtimern und historischen Wohnanhängern die kurvige Traumstraße hoch und entführt Caravanenthusiasten in eine neue Welt von Italien bis Indien.

INTERNATIONAL UFO MUSEUM AND RESEARCH CENTER
BEIM ALIEN!

👉 Für Gläubige und Ungläubige: das jährlich stattfindende UFO-Festival mit Ufologen-Vorträgen.

Wenn du auch davon überzeugt bist, dass 1947 bei Roswell in New Mexico ein UFO abgestürzt ist, dann siehst du dich in diesem Museum bestätigt. Für alle anderen gilt: Macht euch bereit dafür, dass euer Weltbild gehörig über den Haufen geworfen wird – die Beweislage ist erdrückend. Wir sind nicht allein im Universum!

● Roswell, USA
www.roswellufomuseum.com

MUSEUM FÜR VÖLKER-FREUNDSCHAFT

RESPEKT, NORDKOREA!

Ein Pflichtstopp für jeden Nordkorea-Touristen: Dieses unterirdische Gewölbe ist randvoll mit Geschenken! Die weit mehr als 200 000 Präsente an die Kim-Familie stammen von Staatsoberhäuptern und anderen wichtigen Personen der Weltgeschichte. Sie sind „ein eindeutiges Zeichen für den Respekt und das Ansehen, das Nordkorea in der Welt genießt". Wer's glaubt …

☞ Als Besucher sollte man sich respektvoll vor der Wachsfigur Kim Il-sungs verneigen.

DISGUSTING FOOD MUSEUM
BRECH-
REIZEND

👉 Für mutige Testesser: Fünf
wechselnde Gerichte können ver-
kostet werden.

„Ich musste fast speien und habe auch
noch dafür bezahlt – ihr seid klasse!"
So lautet der Kommentar einer zufrie-
denen Besucherin über die Leckereien,
die anderswo für grüne Gesichter sorgen: 100-jährige Eier, sardischer
Madenkäse, Mäusewein, Salzlakritz,
Stinkekäse. Das Ticket ist vorsorglich
auf eine Spucktüte aufgedruckt.

● Malmö, Schweden
disgustingfoodmuseum.com

Lindenberg, Deutschland
www.deutsches-hutmuseum.de

HUTMUSEUM
ALLES FÜRS KÖPFCHEN

☞ Ein Highlight der Ausstellung steht im 4. Stock: der „Huttornado" von Anja Luithle.

Hast du ein Hutgesicht oder nicht? Wenn du die Frage endgültig beantwortet haben willst, schau im Hutmuseum vorbei. Im Hauptgebäude der ehemaligen Hutfabrik Lindenberg kannst du nach Herzenslust alles ausprobieren, was man sich seit 300 Jahren auf den Kopf setzt! Da sollte doch der/die/das Richtige dabei sein …

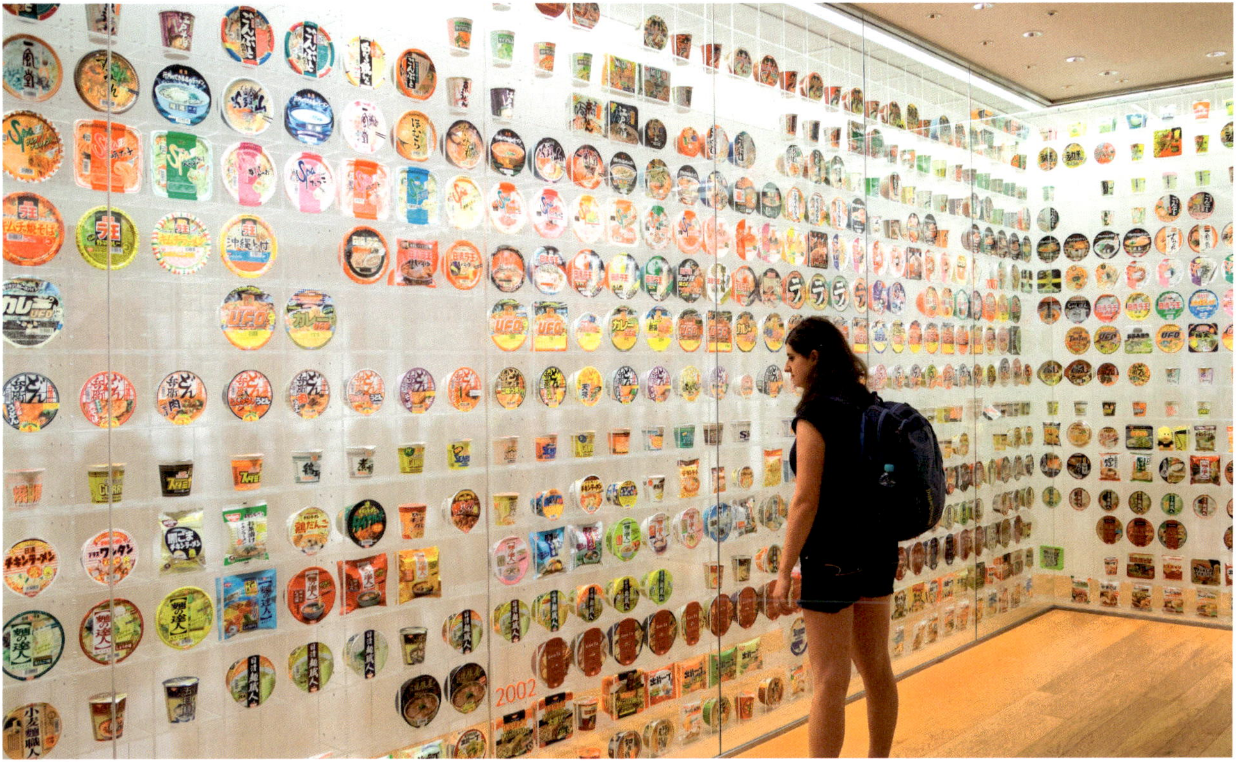

INSTANT-SCHLÜRF!

Für 300 Yen (rund 2,50 Euro) kann man sich seinen personalisierten Instandnudel-Becher zusammenstellen.

Ein Tribut an einen großen Erfinder: Momofuku Ando, der Schöpfer der Instantnudel-Suppe! In Osaka, dem Geburtsort der Instantnudel, und in Yokohama ist viel geboten: ein Nudelsuppenquiz, das Nudeltheater, der Instantnudel-Tunnel aus Verpackungen und eine Nachbildung der Hütte, in der Ando vor sich hin nudelte – äh – tüftelte.

Osaka & Yokohama, Japan ●
www.cupnoodles-museum.jp/en

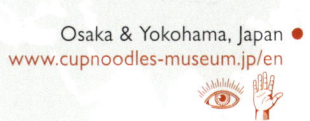

DECKEL ZU!

● Colony, USA
www.facebook.com/SATXTSAM

👁️🔍

👉 Besonders gelungen in Sachen Deckelverzierungen: das Klapperschlangendesign.

Was macht ein Klempner im Ruhestand? Natürlich eine Sammlung künstlerisch verzierter Toilettensitze anlegen. In seiner Garage. Alles begann, als Barney Smith eine gewisse Ähnlichkeit zwischen einem Trophäenschild und einem Klositz bemerkte. Seit der mittlerweile 97-Jährige seine 1400 Exponate 2018 verkaufte, sind sie in Colony zu sehen.

![Innenansicht des Toilettenmuseums mit zahlreichen gerahmten Bildern an den Wänden und historischen Toiletten als Ausstellungsstücke]

INTERNATIONAL MUSEUM OF TOILETS
STILLE ÖRTCHEN

☞ Mindestens so wichtig wie die Örtchen selbst: die Toiletten-Lyrik, die man hier auch genießen kann.

Müssen muss jeder – aber irgendwann war man es leid, dafür in den Wald zu gehen! Von Nachttöpfen aus Gold über den Nachbau der Toilette von König Ludwig XVI. bis zum 19-Mio.-Dollar-Deal zwischen der NASA und Russland (bei dem es darum ging, wie man im All Urin zu Trinkwasser macht) reicht die Palette der Stille-Örtchen-Thematik.

Delhi, Indien●
www.sulabhtoiletmuseum.org

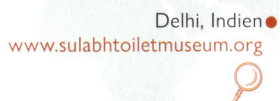

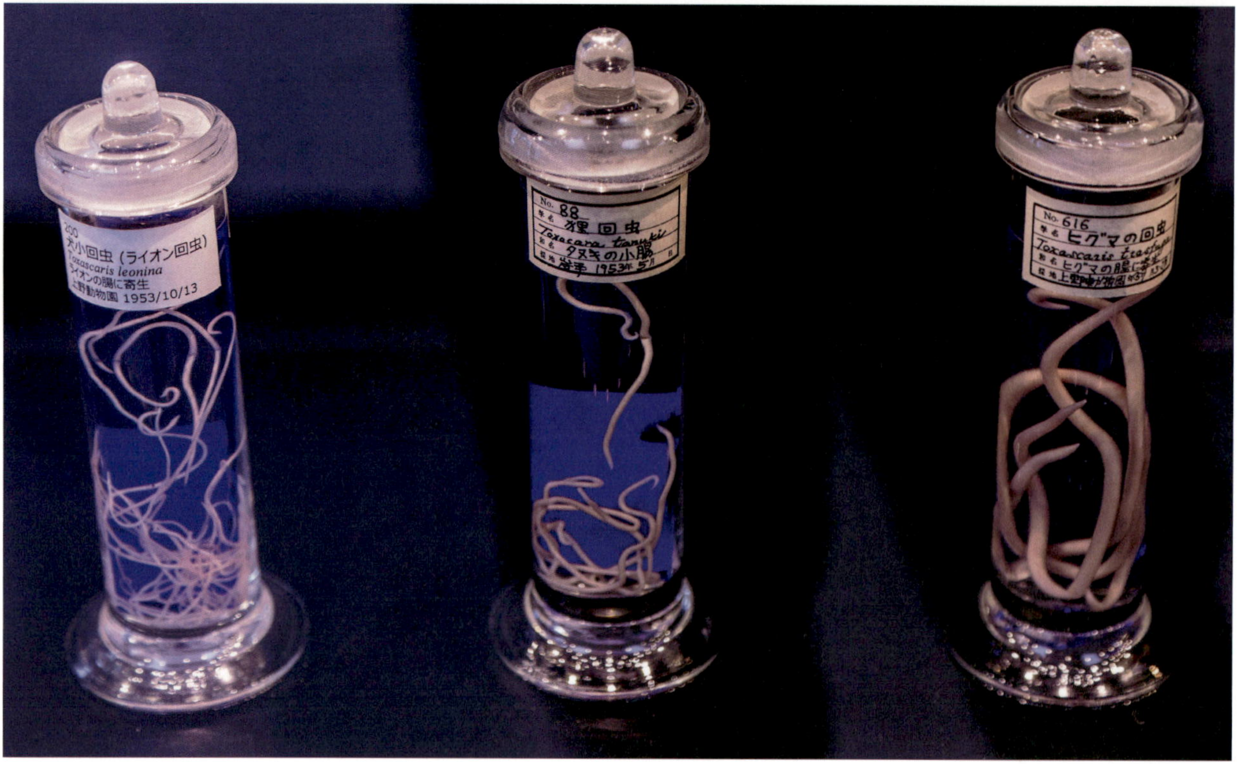

Tokio, Japan ●
www.kiseichu.org/e-top

MEGURO PARASITOLOGICAL MUSEUM

WURMKUR

☞ Parasiten-Schlüsselanhänger und T-Shirts im gibt's im Museumsshop für die Daheimgebliebenen.

Regale gefüllt mit Behältern mit eigenartigen Bewohnern – sind wir in einem Horrorfilm? Mitnichten: Dr. Satoru Kamegai hatte 1953 nur im Sinn, die Welt an seiner Liebe zu Parasiten teilhaben zu lassen. Erst erfährt man von deren Vielfalt und danach, wie sie sich mit dem Menschen kombinieren lassen. Etwa als 8,80 Meter langer Bandwurm.

WHALE OIL SAMPLES taken from the tanks of the transportship *Orwell* at Husvik in April 1953. The labels indicate the amount of free fatty acid. It is signed by the first mate and the whaling station chemist.

SOUTH GEORGIA MUSEUM
AM ENDE DER WELT

☞ Das Museum ist nur per Schiff zu erreichen: zwei Tagen von den Falklandinseln oder bei einer Arktiskreuzfahrt.

Keine Bäume, kein Supermarkt, nur eine einzige Bar (und die ist den Wissenschaftlern vorbehalten) – aber ein Museum! Und das, obwohl es auf Südgeorgien keine dauerhafte Bevölkerung gibt und im Sommer höchstens 30 Personen hier leben. Anfangs ging es nur um Walfang, inzwischen gibt es auch Informationen zur Inselgeschichte.

Südgeorgien,
Britisches Überseegebiet
● www.sgmuseum.gs

99

Beet, Radish and Onion Pickle

Cucumber Lemon Pickle

Baby Carrot Pickle

Asparagus Pickle

Jalapeño

Oi Karashizuke

Picked Cucumber Eggplant

Turnip Pickle

Zhacai

Sichuan Paocai

ANS EIN-GEMACHTE!

☞ Für Selbermacher: Das Museum bietet auch Kimchi-Kochkurse an.

Für uns ist das koreanische National-gericht gar nicht so exotisch: Es ist ja quasi eine Art scharfes Sauerkraut. Kim-chi gibt es in Hunderten Varianten, die nach Region, Jahreszeit und Familie vari-ieren. Neben Rezepten findet man hier auch Verkostungsräume und kann den positiven Effekt von Kimchi auf die Ver-dauung unterm Mikroskop beobachten.

Seoul, Südkorea ●
www.kimchikan.com/en

Seoul, Südkorea ●
trickeye.com/seoul/en

TRICKEYE MUSEUM
WIE GEMALT

Hier kannst du selbst Teil des Kunst-
werks werden – zum Beispiel als
Ballerina in einem Gemälde von Edgar
Degas. Das sieht mithilfe von Augmen-
ted Reality oder raffinierten 2D-3D-
Illusionen (Fotos werden mit der eigenen Trickeye-Handy-App besonders
realistisch) verblüffend echt aus. Da
das Museum zwölf Stunden am Tag
geöffnet hat, ist es auch eine beliebte
Location zum Abhängen. Oder für
Dates. Denn was ist schon romanti-
scher, als gemeinsam von einem riesigen Fisch verschlungen zu werden?

☞ Das Museumscafé macht
„Photo Latte Art" aus den Handyfotos
der Gäste.

BAUCHGEFÜHL

● Fort Mitchell, USA
www.venthaven.org

☞ Man kann im Museum selbst oder online eine der unzähligen Puppen „adoptieren".

Auch wenn man sich gelegentlich beunruhigend an „Chucky, die Mörderpuppe" erinnert fühlt: Hier lernst du alles über die altehrwürdige Kunst des Bauchredens. Der Gründer war Vorsitzender der Internationalen Bruderschaft der Bauchredner, und noch heute reisen zur jährlichen Convention Bauchredner aus aller Welt an.

AAAAAAAAAAAA AAAAAAAAH ...!

☞ Bitte nicht nachmachen! Die Niagara-Fälle solltest du aber schon besuchen, wenn du schon mal da bist.

Rettung in letzter Sekunde, bevor es in brodelnde Wasserfall-Tiefen geht? Das war hier nicht gewünscht: Mit den ausgestellten Gefährten stürzten sich die Insassen freiwillig die 57 Meter hohen Niagara-Fälle herunter, auf der Suche nach Ruhm und Reichtum. Die beeindruckenden Dellen zeugen davon, dass es nicht immer ein Happy End gab.

● Niagara Falls, Kanada
imaxniagara.com/daredevil-exhibit

FRIEDHOF DES LEUCHTENS

Las Vegas, USA
www.neonmuseum.org

👉 Breaking News: Seit April 2019 ist „Neon" das offizielle Element des US-Bundesstaates Nevada.

Wer an Las Vegas denkt, denkt auch an blinkende Lichter in der Nacht – hier finden die ausrangierten legendären Neonschilder ihre letzte Ruhestätte. Beim Schlendern durch das schrottplatzartige Gängelabyrinth entdeckt man Größen aus der Geschichte der Spielerstadt, von berühmten Diners bis zur Hochzeitskapelle.

● London, England
www.soane.org

SIR JOHN SOANE'S MUSEUM

EXZENTRISCHE ZEITKAPSEL

Bis unters Dach füllte der Architekt John Soane seine drei (!) miteinander verbundenen Wohnhäuser mit antiken Sarkophagen, Gemälden, Büsten, Architekturmodellen und Kunstwerken und machte sie so zu einem beispiellosen Faszinosum – das auf ewig so bleiben soll, wie es ist: Ein Gesetzeserlass sorgt dafür, dass seit seinem Tod 1833 nur so wenig wie möglich verändert werden darf. Soanes wollte damit vor allem seinen Sohn und Erben ärgern: Der sollte nämlich die Häuser auf keinen Fall in die Finger bekommen.

☞ Die Website bietet einen äußerst faszinierenden 3-D-Flug durch das gesamte Gebäude.

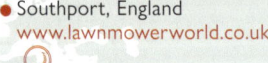

• Southport, England
www.lawnmowerworld.co.uk

BRITISH LAWNMOWER MUSEUM
WENN PRINZEN RASEN MÄHEN

☞ Tipp für Requisiteure: Historische Exemplare werden auch an Filmproduktionen verliehen.

Die Quintessenz der britischen Seele: mehr als 300 Rasenmäher aus 200 Jahren. Spannend ist die Ausstellung zum Thema Rasenmäher-Rennsport, aber das Highlight sind die Mäher der Reichen und Schönen wie der mit Leopardenplüsch bezogene des Komikers Paul O'Gradys (ganz abgesehen vom voll funktionsfähigen 5-cm-Exemplar).

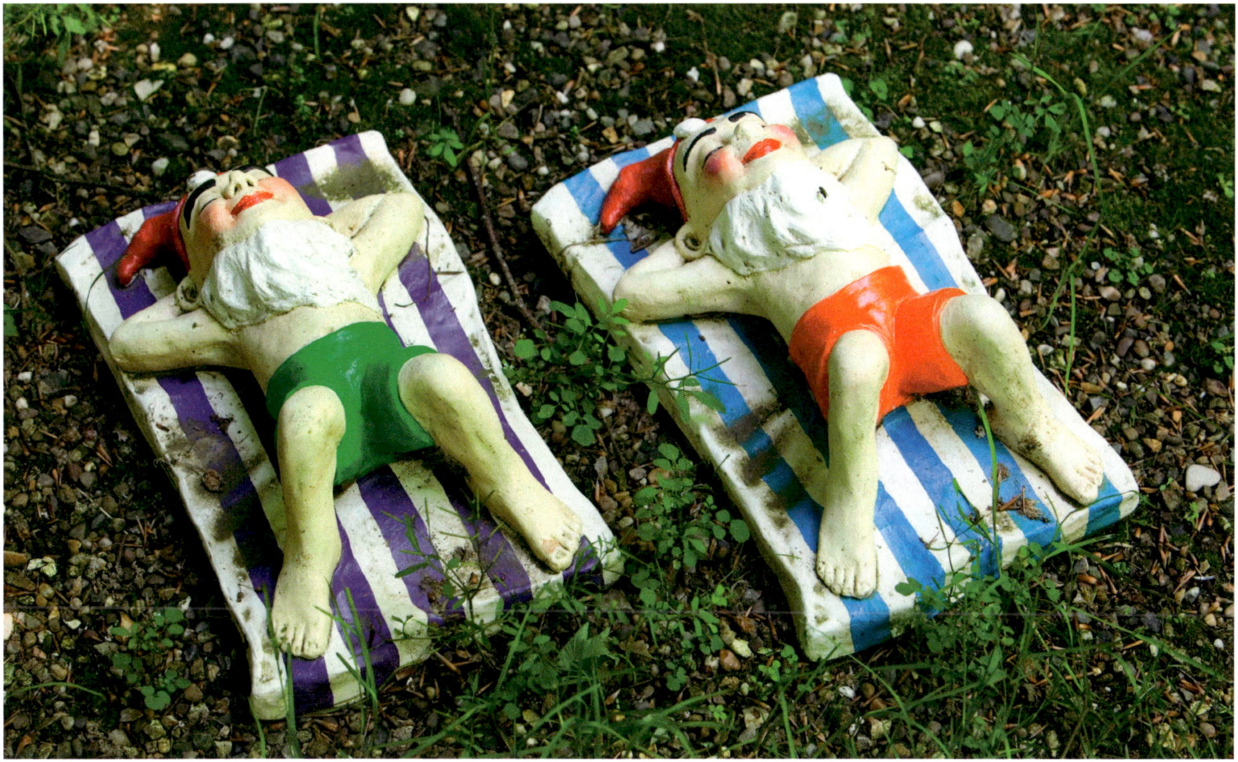

GNOME RESERVE

ZWERGEN-AUFSTAND

Zwerge im Weltall? Halte Ausschau nach der Rakete der GNASA, der Gnome-NASA.

Ein Waldspaziergang im Grünen wie jeder andere? Falsch gedacht! Hier ist das Gehölz mit zahllosen roten Zipfelmützen gesprenkelt. Die Zwerge sind los, und sie bevölkern jeden Fleck, in allen möglichen Varianten. Als Besucher bekommst du kostenlos eine Zwergenmütze zur Verfügung gestellt, um nicht zu sehr aus der Reihe zu tanzen.

- West Putford, England
www.gnomereserve.co.uk

NASSE FÜSSE ...

☞ Die sauerstoffflaschenfreie und trockene Option: eine Besichtigung per Glasbodenboot.

... bekommt man bei einem Besuch im MUSA – aber nicht, weil ein Loch im Dach ist. Das ganze Museum lässt sich nur per Tauchgang besichtigen. Etwa 500 Skulpturen sind auf dem Meeresboden vor der Küste Cancúns verteilt. Und sie erfüllen noch eine zweite Funktion: Die Kunstwerke dienen nämlich als Nistplatz für Korallen und Rifffische.

● Cancún, Mexiko
musamexico.org

CHINA SEX MUSEUM

LIEBESGRÜSSE AUS CHINA

☞ Wer hartnäckig genug ist, kann die Spuren des Museums im Internet verfolgen.

Gegründet von einem Soziologieprofessor im Ruhestand, beherbergt dieses Museum 3000 Ausstellungsstücke aus der Sexualgeschichte des Landes von humorvoll bis schockierend – darunter satirische Statuen, Jade-Dildos und progressive pornografische Schnitzereien. Im restriktiven China ist das Schicksal des ständig umziehenden Museums ungeklärt.

Irgendwo in China ●
keine Internetpräsenz

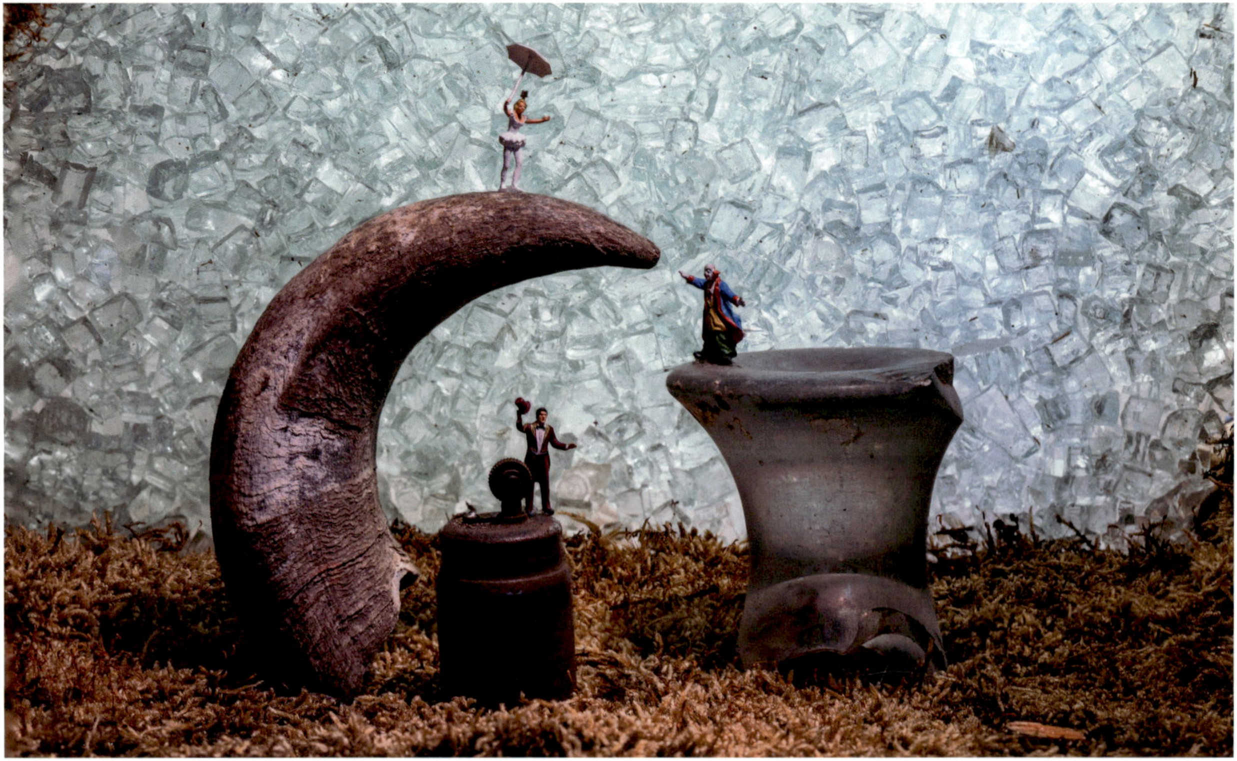

●Radebeul, Deutschland
luegenmuseum.de

LÜGENMUSEUM

WIRKLICH UNWIRKLICH

☞ Echt wahr: Zum Weltlügentag am 1. April findet im Museum der Lügenball statt.

Jetzt wird's wahrhaft lustig: In diesem Museum dreht sich alles um Illusion, Rätsel und Erinnerung. Nachdem du eine Einführung und einen Lügentee genossen hast, bestaunst du Installationen, bewusstseinserweiternde Haushaltsgeräte, die 1989 den Fall der Mauer verursacht haben, oder imaginäre Schätze wie das Loch aus Mozarts Zauberflöte.

ICH GLAUB, ICH SPINNE

☞ Unbedingt Beweisfoto machen! Diese gewagte Architektur glaubt einem ja sonst wieder keiner.

Da bummelt man entspannt durch die Kunsthandwerkerstadt Foumban, dann plötzlich: haushohe Schlangen, auf denen eine riesige Spinne thront! Das neue Museum in Form der königlichen Wappentiere soll, wenn es fertig ist, Stücke aus der Privatsammlung der Herrscher zeigen – etwa eine Trinkschale aus den Kieferknochen besiegter Feinde …

● Foumban, Kamerun
keine Internetpräsenz

Avanos, Türkei
keine Internetpräsenz

HAARMUSEUM

STRÄHNEN LÜGEN NICHT

Darf's ein bisschen Haar sein? Alles begann mit einer einzigen Strähne, die der Künstler und Töpfer Chez Galip von einer Freundin zur Erinnerung bekam. Bald schon schickten Frauen aus aller Welt ihre Locken ein – denn wer will nicht Teil einer großen Haar-Höhle sein?! Jede Strähne ist fein säuberlich mit Namen und Adresse der Spenderin versehen.

☞ Jedes Jahr werden zehn der Spenderinnen ausgewählt und zum Töpferworkshop eingeladen.

118

MUSEO DE LAS MOMIAS DE GUANAJUATO
GUT GEHALTEN

☞ In einem, gelinde gesagt, exzentrischen B-Movie kämpfen die Mumien gegen mexikanische Wrestler.

Bevor hier ein Museum stand, wurden die Leichname, deren Angehörige die Gebühr für ein „dauerhaftes Begräbnis" nicht bezahlt hatten, wieder ausgebuddelt und in einem Schuppen des Friedhofs aufbewahrt. Heute bleibt nur zu hoffen, dass – entgegen der örtlichen Gerüchte – in den Vitrinen niemand zum Leben erwacht.

● Guanajuato, Mexiko
www.momiasdeguanajuato.gob.mx

STALINS STIEFEL …

☞ Ruf die „Kommunistenhotline" an und lausch den Reden berühmter Linker: Che Guevara, Mao, Lenin …

… waren alles, was nach dem Sturz eines 8-Meter-Monuments noch stehen blieb. Hier sind sie nachgebildet – neben echten Riesenstatuen aus Ungarns sozialistischer Vergangenheit. Dazu gibt es Infos zum damaligen Geheimdienst, man kann am eigenen Leib erfahren, wie viele Menschen in einen Trabi passen, und wie sich der Sozialismus überhaupt anfühlt.

● Budapest, Ungarn
www.mementopark.hu

121

INTERNATIONAL SPY MUSEUM

IN DIE SCHATTENWELT

Der Name ist Bond, James Bond. Oder Marlene Dietrich, Josephine Baker, Daniel Defoe … sie alle hatten ein Doppelleben als Spione! In diesem ultramodernen interaktiven Museum dreht sich nicht nur alles um die Geschichte der Spionage, du erfährst auch, wie du selbst ein Agent werden kannst und was du dazu brauchst (natürlich neben dem obligatorischen falschen Bart und der Armbanduhr-Kamera).

☞ Denk schon mal über falsche Namen nach: Jeder Besucher muss sich zu Beginn eine Cover-Identität zulegen.

Look, and Look Again

Two CIA experts used a variety of techniques to disguise this young woman. With the help of makeup, a nose prosthetic, a dental appliance, colored contact lenses, wigs and props, the same person is transformed into an older woman, a Sikh, and a street person.

Sikh Disguise

Sikhs are a familiar sight on the streets and in the shops in many areas of the Near East and South Asia. Hence, a Sikh disguise is ideal for a spy seeking to avoid attention. An intelligence officer might use this kind of persona for countersurveillance, for example, to ensure that a fellow agent is not being followed on the way to a clandestine meeting with a valuable source.

Street Person

Excellent for surveillance activities, a spy disguised as a street person can sit for long periods unnoticed—and is avoided by most passersby.

...h, John Chambers
...actor during the
...nal *Planet of the*

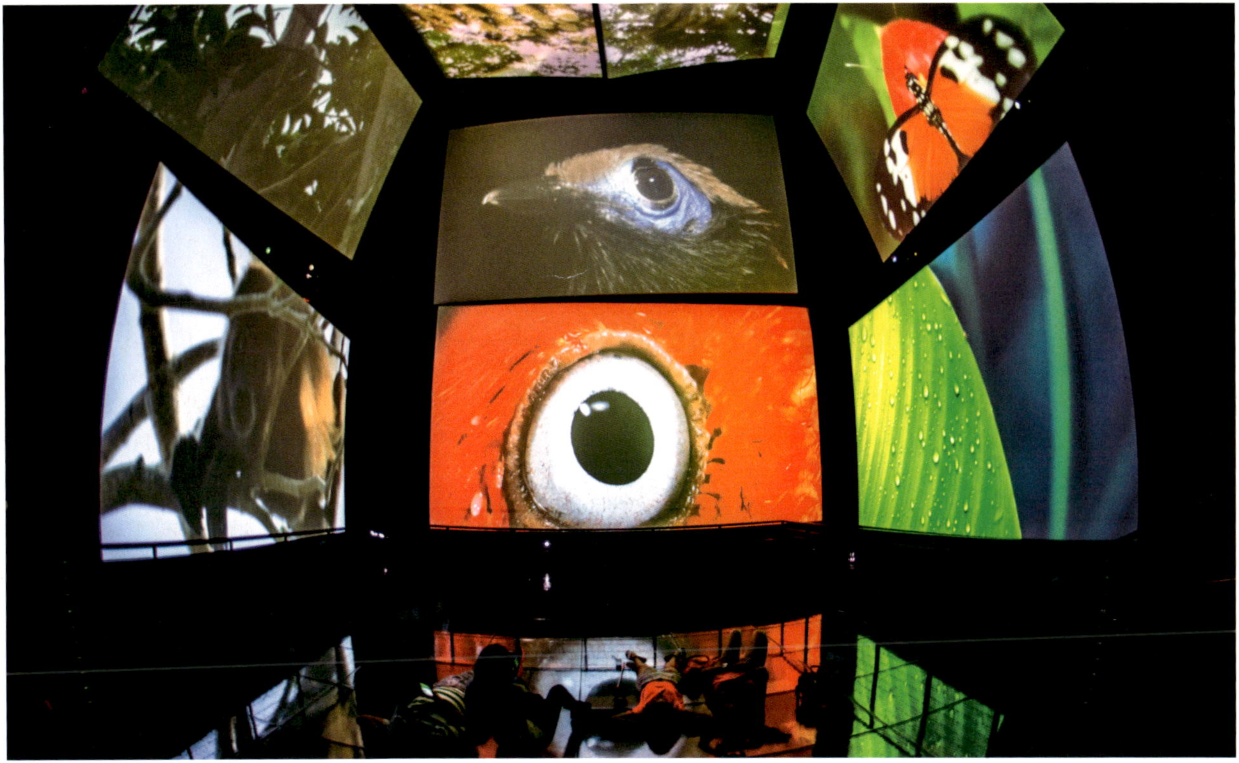

BIOMUSEO PANAMA

IST- … WAS?!? ISTHMUS!

☞ Der Architekt des Museums, Frank Gehry, entwarf Wolkenkratzer in NYC und das Tanzende Haus in Prag.

Alles im futuristisch-organischen Biomuseo dreht sich um den Panama-Isthmus (sprich: die Landenge von Panama) und seinen riesigen Beitrag zur Artenvielfalt des Planeten Erde. Neben acht Galerien mit einem Mix aus Kunst und Wissenschaft gibt es ein bezauberndes, einer Waldlichtung gleichendes Atrium und einen botanischen Garten.

● Panama City, Panama
www.biomuseopanama.org/

ÜBER DIE AUTORIN

Jana Duran, geboren 1993, hat Englische Literatur und Soziologie studiert. Ihre Leidenschaft für alles, was skurril ist, führt sie auf einen Ausstellungsbesuch zurück, bei dem sie als Kind in einen 3 Meter hohen Augapfel kletterte. Seither geht sie, wenn sie nicht gerade in der Redaktion des DuMont Reiseverlags arbeitet, in jedes noch so verstaubte Museum und kommt aus dem Staunen nicht mehr heraus.

IMPRESSUM

Text: Jana Duran
Konzept und Projektbetreuung:
Andrea Wurth
Grafik: treibsand grafik
Lektorat: Jens Bey
Bildredaktion: Sylvia Pollex

1. Auflage 2019
© 2019 DuMont Reiseverlag
GmbH & Co KG

www.dumontreise.de
ISBN 978-3-7701-8474-3
Alle Rechte vorbehalten,
alle Angaben ohne Gewähr.

Alle Angaben in diesem Buch wurden vom Autor und den Mitarbeitern des Verlags sorgfältig recherchiert und geprüft. Der Verlag übernimmt jedoch für den Inhalt keine Haftung.

Gedruckt in Italien

FSC
www.fsc.org
MIX
Papier aus verantwortungsvollen Quellen
FSC® C015829